大夏书系 | 教师专业发展

有滋有味做教师

通往卓越的 28 项修炼

刘祥 著

华东师范大学出版社
·上海·

图书在版编目（CIP）数据

有滋有味做教师：通往卓越的28项修炼／刘祥著.
一上海：华东师范大学出版社，2024
ISBN 978-7-5760-4904-6

I.①有… II.①刘… III.①中小学—教师—师资培养—研究 IV.① G635.1

中国国家版本馆 CIP 数据核字（2024）第 076977 号

大夏书系·教师专业发展

有滋有味做教师——通往卓越的28项修炼

著　　者	刘　祥
责任编辑	卢风保
责任校对	杨　坤
封面设计	淡晓库

出版发行	华东师范大学出版社
社　　址	上海市中山北路3663号　邮编200062
网　　址	www.ecnupress.com.cn
电　　话	021-60821666　行政传真 021-62572105
客服电话	021-62865537
邮购电话	021-62869887
地　　址	上海市中山北路3663号华东师范大学校内先锋路口
网　　店	http://hdsdcbs.tmall.com/

印 刷 者	北京季蜂印刷有限公司
开　　本	700×1000　16开
印　　张	15
字　　数	223千字
版　　次	2024年6月第一版
印　　次	2024年6月第一次
印　　数	6 100
书　　号	ISBN 978-7-5760-4904-6
定　　价	65.00元

出 版 人　王　焰

（如发现本版图书有印订质量问题，请寄回本社市场部调换或电话021-62865537联系）

优秀教师总是一边"折腾"一边成长。

这样做教师,才真正称得上"有滋有味"。

目录
Contents

序一　日研日新，如潮争涌——教师成长的日常之维　1

序二　因敬畏，得滋味　9

第一章　成长环境与教育理想

○ 第一节　成长中的"见刺"与"见花"　3

○ 第二节　可以预约的光芒　9

○ 第三节　多一点敬畏之心　15

○ 第四节　优秀是自己逼出来的　22

第二章　在工作中建构快乐

○ 第一节　为错误写一首诗　31

○ 第二节　点亮自我手中的蜡烛　38

○ 第三节　用"傻、笨"夯实成长基础　46

○ 第四节　在寻常处发现教育的风景　54

第三章　站稳讲台的技巧

- 第一节　追寻"目中有人"的备课　63
- 第二节　让课堂动起来　70
- 第三节　有"真问题"，才有"真思考"　80
- 第四节　以"人"的健康成长为核心　87

第四章　在"折腾"中成长

- 第一节　给每一天作个注释　95
- 第二节　正视我们的失败与无能　102
- 第三节　让教科研像呼吸一样自然　109
- 第四节　用课题夯实专业发展之路　117

第五章　在反思中获取养分

- 第一节　远离"小格局"，追求"大境界"　129
- 第二节　拒绝缺乏思考与创造的"勤劳"　136
- 第三节　不轻易放弃任何一个机会　142
- 第四节　教养，一份值得期待的收成　149

第六章　用文字确立灵魂的高度

- 第一节　教师应该如何读书　*157*
- 第二节　读、思、行，缺一不可　*165*
- 第三节　让写作成为一种习惯　*171*
- 第四节　好文章来自深度思考　*178*

第七章　走向卓越，享受教育

- 第一节　修炼一份恒长的功德　*187*
- 第二节　做自身生命中的"贵人"　*193*
- 第三节　过一种幸福而完整的教育生活　*201*
- 第四节　在呼朋引伴中歌唱着前行　*208*

后记　*217*

序一 日研日新，如潮争涌——教师成长的日常之维

初次读到刘祥老师的稿件时，感觉他文风稳健，文意周密，有令人信赖的成熟气息在字里行间流露，不免暗自青眼有加。一经了解才知此时的他已有多本专著面世，更是一位在教育领域深耕多年、于全国享有美誉的名师。因为我们的杂志编辑工作秉持公平选稿的信念，不唯作者名气是从，所以惯常地也有一种对待名师"云淡风轻"的态度，但是刘祥老师以其出色的专业素养、扎实的文字功底、朗阔的人格情怀不断加重他在我们编辑心中的分量。印象最深的是他写的"带徒弟"的文章和徒弟写他的一篇文章在编辑部轮读，同事们对师父的推心置腹、春风化雨，徒弟的不辱厚望、饮流怀源感触良深，后面讨论时总是不觉提及，渐传为佳话。在写到期待优异的徒弟们"成为最耀眼的教育明星，闪耀于中国教育的辽阔天际"时，他说："那时，古稀的我会满怀幸福地眺望着他们的光明，为他们乃至为中国教育送上最诚挚的祝福。"每次读到这里，我都忍不住热泪盈眶。在为"青年教师成长扶持"专题拟名时，我便提炼了"为了跳动的火焰"的字眼，心上所想正是像刘祥一样热情的老教师们关切青年教师的眼光，并相信在对年轻的读书种子晨提夕命时，他们眼前跳动的那些亮光，既是新教师勉力奋进的精神火焰，也是老教师对教育梦想不灭的熠熠火光。

（一）

生命光亮的辉映，在他的著述中处处闪烁。他对成长经验的言述，无不编织进躬耕探索教育的丰富履历、登览守望未来的殷切期待中，拳拳之心，跃然纸上。这部《有滋有味做教师》的书稿，乃是作者知无不言、言无不尽的师心披沥。厚实的积淀，累年对教育身心交感的体察，已令其文汰去浮沫，精醇通达，读来如闻谆谆语声，教人清醒地明辨成长的方向。

普通教师如何成长为卓越教师的问题难以概而论之。既须深入岁月经历教学艰辛繁杂的历练，又须有不被岁月蒙尘的清明心境，以随时反思和洞察教学的处境；既须精诚守护心中不变的信条，又须与时偕行，非固止其所站立；既须跬积而不厌，又须排除烦扰留取余暇，待顿悟之机契；既须向着明亮的一方采汲美好，又须承受教育困境沉重的拷问，葆有对不仁的愤怒和对不幸的痛感；既须在格局的扩展中获得对教育实践的超越性引领，又须保持对细节的关注，从学生纤小的举动中捕获生命的消息……

个人如何从普通走向卓越从来就不是一个简单的问题，其中有可言传、可依行的实际的方法，更有很多难传达的暗默的功夫。后者便是诗人里尔克所言，"浸润着一切生长者之根"的隐秘之地。成长也常常因个体条件、际遇的不同而呈现迥异、复杂的境况。刘祥老师论说"走向卓越之境"的勇气，正可从为成长建言本身的困难得到一些印证。这份勇气既来自他将饱满的经历直呈的坦诚，又来自把经历融塑为言说背景的底气，更来自转译、传达冥微难言之物的信心。也许对于作者来说，难以顾及具体读者的阅读效果或在行动参考上的效能，但作者能以其对自身的确知，媒介着同样有所追求的心灵，在以语言现身的情态中，使个人的经历与领悟成为他人感奋的鼓点。何况，他关心周围的人群，对同行的观察常有穿透的目光，书中常见寥寥几笔的人物白描，片言只语其状呼之欲出。教育圈众生相，他是熟悉的。

在书中，作者为普通教师成长铺设的"台阶"颇用其心，将令开卷的教师们"有章可循"，怦然"拾级而上"。特别是对具体问题条分缕析，使人能够清晰地观见他研究的思想轨迹。如果说回视自我之经历提炼出他人可学可仿的经验，已在多年的讲台间和书桌旁训练有素，那么关于"当下及未来的学习者自主学习的路径和方法已趋于无限多样化"的见解，对教学研究所持的开放性态度，则源自他从不固步自封，且唯变所适的精神生态。正是对经验的价值不懈地发掘，并使之敞向新的可能性，使他对问题的思考总有一种在聚焦后慢慢推远的视野迁变。这使人既能在其"用志不分"之时被吸引到问题的核心，又能于其后"无有滞碍"的推演中得到生命远意的启发。教师能够怎样成长？作者怀揣着这样的问题，努力寻求更多的思考基点，使教师成长所涉及的不同层面和角度的东西得到丰富的呈现。事实上，唯有使这些教育生活中不同的构成处于一种彼此激活的格局之中，才能使难传之物向着读者慢慢地绽露。

（二）

成长的交织无不是新旧的际会，对理想的坚持。美好的理想，相信很多教师都拥有，但并不是每个人都能坚持迈出穿越沉沦的脚步。重要的其实不是敢不敢做梦，而是能否将理想从高处的亢奋转化为日常"行脚"的冷静，并在遭遇挑战或困苦之时，使梦想作为生机的隐现重新向未来发出邀约。在我们走向梦想的路上，最难以觉察的围堵其实是单调重复的日常生活。日常迷蒙之雾几无界边，极其容易使人陷入颠倒无明的状态。而人处于海德格尔所述之"日常共在"中，实是不易"挣破"的。在这样一种与周遭融为一体的"平均"的存在中，人常常消沉而难以觉察，人生的意义也常显得飘忽而难以捕捉。只有把握住如何不沉陷于日常的庸碌的问题，或者说保持对磨平的日常性的批判，才有可能为成长筹划一份坚实的依托。于庸常中突围之人，内部常有精神性声音的回荡，这种声音就是由自我牵引所生发的澎湃的生命潮汐。刘祥笔下的"傻教师"，"踽踽独行""蠢蠢欲动"，正是寄情教育的身影穿梭、自救启人的灵魂震颤。克服日常漂浮的"傻瓜"，以蓬勃的生长之势顶撞着迂腐沉闷的世俗地面，破土而出，"钢筋铁骨"，反拨着狭隘颓塌的生存风气，一次次用"攒聚"而来的思想米粮，投喂那个"称为理想的 / 宠物"。

时时"注释"，岁岁"折腾"。勤于"炼意"的教师，不断增强对生活事实和联系的感受力，终使日常涣散的碎片连缀成篇。更加可喜的是创造潜力的释放，使日子布满处处逢春的惊喜。一条陌生人误发的短信、一次课堂上的小小遗憾、一个与学生交往的简单动作、一句同事无意间的嘟囔，都可闻见人性深处真意的呼唤。启于无聊、缺憾、平常、琐屑，而终于温暖的回流、能力的提升、责任的深化、见解的更新。能够留意到细节，并对琐细之物进行升华，随时捕捉美妙的灵感，看似一种巧思，实则是事物间壁垒的打破，不同领域意趣的贯通。在刘祥老师眼里，细节之上常常凝结着一个充满价值的问题，闪念的背后常常折叠着一个耐人寻味的世界。他对这些细节和闪念的琢磨，既有紧贴事实情境的低俯，又有超越惯常思维的飞跃。乐此不疲，或"漾出一丝浅浅的快乐"，或自诩为"好玩"，但我们何尝读不出这一切不是只为快乐好玩，而是教育得失寸心知的情衷？"万事可研"！多么深沉的热爱，多么豪迈的气度！

持久的追求，大量的思考、阅读、写作和研究，促使教育生活在日新月异中发展。灵感从来不会突然降临，而全因"精神专一，奋苦数十年"，终至"神将相之，鬼将告之，人将启之，物将发之"（郑板桥语），于是书中诸如以科幻电影中人和外星人的"四类接触"解析学习者和学习内容的关系的例子，就不是偶尔的"脑洞大开"，而是饱游饫看，信手拈来，腾挪变化，"决出生活"（石涛语）。何其快哉！

现在人们谈及成长，不免会提到"内卷"，感叹于努力被无情地抵消。"内卷"除了社会层面的病因，落到个人，还是有多于无聊事务上打转，精力耗散而无果的情况。重复不思研究，只会造成生活"雷同的情节"无限地循环；灵魂滋养缺失，生命断不可能有润泽之境。刘祥老师说："勤劳如果不和积极主动地思考、创造性地探索相结合，也就成了一种无意义的时间消耗和体能消耗。事实上，正如那些勤于做题却懈怠于思考、感悟、总结、归纳的学生一样，绝大多数勤奋一生却'泯然众人'的教师，都是因为缺乏思考和创造。"每每思及这种勤劳不休却因袭重复的教育人生，他都有悲凉之情从灵魂深处溢出……出色的教师，是那些随时在心中孵育着教育内丹的人，他们精意覃思，萃光取华，使这颗内丹在多方滋养的日常中慢慢成长。但令神费而不散，常贵时逝而有进，正是人于平素可常持有的信条。

（三）

《论语·为政》道："子曰：视其所以，观其所由，察其所安。人焉廋哉？人焉廋哉？"就是说，要不断起思，发问"怎么回事"；进而探索，追问"何以如此"；终要审度，探求"何可相安"。人要在"是什么"和"为什么"的存疑与解疑之后，继续探索"怎么样"，在弥散的生存之雾中，看到造化幽曳的链条，感受人与物、人与人、人与世界相牵系的情状，高远而又切近地把握这种相生相抵的关系，并为生命的存在找到回旋着历史召唤的意义诠释。唯有清晰的自我建构、深刻的世间体悟、自觉的人生引渡，才能使飘逝的意义巩固下来，并使日常的往来成为一个个有价值的事件。

世界川流不息，日常凋谢无声，如果不在伟大的事物上驻留，我们的生存何以敞亮？一味地"快"只会造成对生命的吞噬之感，而"慢"往往会带来幽幽的情韵。就像坐高速列车，离心之快不免让人不安，而湖上的乌篷船，你和你的心都在船上，有若归的安宁。为公开课堂中那位还嗫嗫嚅嚅回答不出的学生停留，在高速旋转的大脑中为他小小的绽放思量一个完美的计策，真是又奢侈又深情。停下来，花瓣还在半空，孩子还有机会如释重负嫣然一笑……教育的美好，原来全在人心的温柔。当一位老师在日常中总是愿意保持着对学生耐心的凝视和聆听，并做足了准备，一心只为他们"驱离昏暗，照亮前程"，那么可以说，他时刻存持对教育的神圣的敬畏，并以爱和创造热情地献予。

"教师如何获得成长"，这个问题虽然不能全部转化为"教师如何从事教学研究"，但毫无疑问，教学研究始终是教师成长的切入口和主阵地。优化课堂内容结构、探究师生交往活动、创建规范性实践模式、开启课程文化建构……摸索中的教师随着实践的深入，愈知研无止境，须当勤力渐进。从突破教学工作浅表化的"刻意"努力，到教科研"像呼吸一样自然",自是千帆过尽,但坚持教学研究的日常化,是每一位有教育抱负的教师应该自觉养成的习惯。刘祥老师说:"我的研究以课堂实践为起点,通常是先形成一些相对零散的思考,逐一在教学中践行,然后经过反思和提炼,形成较为系统的、有一定操作性的经验,最后用文字记录下来。"在后面更加多元的教学研究中,我们可看到他研究理性的不断增强和研究方法的不断丰富,但植根日常课、回馈日常课的研究初衷却没有变过。书中也记录了不少他公开课的精彩,其实,有日常课之"丰赡",何愁无公开课之"惊艳"?

超出日常,又不离日常。既出发,又"返身"。卡尔·雅斯贝尔斯曾言:"学习只是个人参与认知历程的一个时刻,只有在加深个人思考的本己经验中,这种认知历程才是真实的。"无论是自身在借鉴、吸收和转化中逐步成长,还是以文心养人心的语文教学实践,刘祥老师都注重真实学习的发生,特别是善于以"最精要的问题"打通学习过程出现的"阻滞和偏差",于师于生,皆得新境。而此"打通"之效,得益于其对新旧经验交融、静态知识和动态能力转换、现实学习情境和未来生活价值关联的"推拨"之功。教学相济,此之谓乎?

再次回到"个体如何崭露生命头角"的问题。这个提问,连同"人如何经历并成长着""人的经历如何成为人的教育的历程"等问题,在读这部书稿时,一直在脑中缭绕。未及掩卷,感觉已有了答案,那便是苦乐同心,要随同那年岁作生命的亲临,在坚定的日课中守护精神的默化。一个悉心听取心灵的潮水拍打岸堤的声音的人,纵然无法得到"钱塘江上潮信来,今日方知我是我"的彻悟,但充耳的将不再只是浮喧之音。

刘祥老师说:"如我这般起步于20世纪80年代的教育工作者,我们的骨子里流淌的多是一份极具理想主义色彩的浪漫情怀。"也许正是这样一份情怀让他始终保持着热爱的纯粹,并在炽烈的追求里迎来生命园地的秋茂。我近期编辑的他的几篇文章,多次让我联想到古代士子的担负,我便推测他的文字已随他站在了更高的灵魂堰台。而他的文字脊骨上分明又闪耀着现代理性的自尊,从不拖泥带水的语言风格,又加强了这种印象。他其实还非常喜爱诗,且富有生活的情趣。但这些都不矛盾,我以朋友的真挚，期待他继续往自由的境地朝圣。

他想象中自己眺望教育远方光明的笃定的背影，已是我的编辑生涯里最宝贵的影像之一，这个画面永远会给我感动和前进的力量。我虽未曾与刘祥老师见面，但我相信对中国教育之未来怀同样心愿的人，未见如已见。

是为序。

李　淳

《师道》（人文）编辑部主任

序二　因敬畏，得滋味

监考"中学生与社会"现场作文大赛校级选拔赛时，面对总难安静的几名高三学生，我忍不住发了一通火。我说："我知道有些同学并不愿意参加作文竞赛，只是因为老师点了将，不得不参加。但不管什么样的原因，既然走进了赛场，面对了赛题，一名读了十多年书的学生，总应该对眼前要做的这件事存有一点敬畏之心。倘若只以游戏的心态来参加这个作文竞赛，那么，请你立刻离开这个赛场。不懂得敬畏文字的人，不配参加这样的作文竞赛。"

我不认为我说的话过分。我始终坚信，任何一件事，真要将它做好，就必然要对这件事怀揣一份敬畏。远的不说，单从学生的考试看，每次全市统考挑选出来的高分作文，书写全都如书法作品。不是老师们看字给分，实在是这些学生对文字拥有着一份难得的敬畏。因为敬畏，便不容忍自己的书写太差，不容忍自己的文章毫无情趣，于是便永远处在"精益求精"的状态中，字也就越写越好，文章也越写越好。而那些缺乏敬畏之心的学生，写好写坏无所谓，自然就不会刻意追求完美了。

教师的专业成长也是如此。有些教师，需要教的内容，自己还没完全搞懂，就敢于站到讲台上授课。这样的教师，对课堂便没有敬畏之心。没了敬畏，当然就不会觉得课堂很神圣，就不会为上砸了一节课而长时间懊恼，就不会为上好了一节课而长时间兴奋。这样的教师，终其一生，也不会成为教育教学的行家里手。

那些在教育教学的路上永无止境地追求着的教师，一定对教育教学充满了敬畏之心。因为敬畏前贤的思想，便不敢不在授课前反复研读，直至融会贯通；因为敬畏三尺讲台，便不敢不精心设计教学流程，力求每一节课都创设出最佳的学习情境，既愉悦学生的身心，也愉悦教师自己的身心；因为敬畏教师这个职业，便不敢不跳出个人名利的小圈子，始终致力于学生灵魂的塑造，始终着眼于未来社会的发展需求……敬畏，让他们时刻处于学习和思考的状态，让他们攀上一座山之后，又向着更高的山攀登。

绝大多数的教师走上讲台之初都怀揣着一份神圣与一份敬畏。只是太多的人，或许是受环境制约，或许是心性使然，或许是学养有所欠缺，很快便被各种评比、各种表格、各种会议、各种批评甚至训斥消解了心头的浪漫与憧憬，开始以一种极其功利的态度追逐眼皮下的那点儿虚名浮利，满足于比拼体力和智力消耗，习惯于上传下达、机械执行，热衷于书山题海和无止无休的考试。当他们因为这些行为而让班级的平均分超过了为数众多的骨干教师甚至名教师，当他们因为考试成绩的优秀而被确立为先进或者典型，他们便很容易形成一种认知错误，以为教育教学不过如此，只要舍得压、逼、挤，舍得下死力气切断学生与外部世界的一切关联，让他们只知道做作业、做试卷，便足以获得认可，站稳讲台。

很显然，这种类型的教师患上了教育的"斯德哥尔摩综合征"，在长期被应试思维绑架的过程中形成了心理依赖，乐于接受此种绑架并视之为获得人生成功的必然选择。于是，他们不再拥有教育情怀，不再敬畏教育教学规律，不再怀揣着虔诚与执着去努力追求生命的丰盈与润泽。

如此，教育的神圣以及对教育的敬畏便冰消雪化，但随之而来的却不是春天，反而是百芳绝迹、百草枯萎的寒冬。

教育面对的终究不是五花八门的数据或指标，而是鲜活的生命与无尽的希望。如果我们把教育比作奔腾不息的水流，则面对这蕴藏着巨大力量的水流时，同样存在着堵与疏两种应对方法，同样存在着鲧和禹两类人。倘若只崇尚耗死力蛮干，一味壅堵，哪里还有时间停下脚步，仰望头顶上深邃的星空，寻找生命中的诗与远方？

我这样说，其实也是将年轻教师置入了一种两难的选择。毕竟，教育的诗和远方需要敬畏，掌控饭碗的权势和评价体系同样需要敬畏。

我从不反对基础教育领域中的教师敬畏掌控饭碗的权势和评价体系，也从不反对教师们为了改善自己的生存状况而追名逐利，很多时候，我甚至鼓动我的徒弟们成为掌控饭碗的权势和评价体系的一分子，鼓励他们理直气壮地追求名誉和利益。只是，一线教师对掌控饭碗的权势和评价体系的敬畏，应该是尊重前提下的"戴着镣铐跳舞"，是在既有管理框架内的有意识、有情感的自主性工作，而不是把思想交给他人的被动性操作。一线教师应该追求的名利必须建立在成就学生的前提之下，在成就学生的同时成就自我。成就是什么？不是耗尽他的学习兴趣将其推进大学，不是关闭他观察世界的一扇扇窗，只让他一门心思地研究考试卷。成就的本质在于让每一个孩子都能够怀揣着好奇心、好胜心和探究欲，心甘情愿地追逐知识、养成能力，在于竭尽全力地为每一个学生打开观察世界的每一扇有价值的窗子，让他们透过这些窗子，看到前人创造的无限辉煌，看到今人开辟的如画江山，看到未来隐现的灿烂美景。在这样的成就与成全之中，名利就是最美好的"军功章"。

当然，对待名利也需要敬畏之心。若不自知，便会迷失。

有那么一天，当我在外省结束了一节示范课和一个主题讲座，装了满脑袋的"大师""专家"的虚妄名号，独自在机场候机时，成百上千的人在我面前匆匆而来，又匆匆而去，竟然无一人是我认识的，也无一人认识我，我突然醒悟，就算是省级人民政府的教学名师证书，也丝毫不能改变人海之中普通一分子的事实。离开了学校和讲台，我便啥也不是！路边的摊贩、开出租车的师傅和小餐馆的店主，甚至不会以"老师"来称呼我，而是呼我以"老板"。在他们的心中，老板就是对陌生人的最高抬举。

想明白这一点时，有一种云淡风轻的感受从心头漾起。如果我不为了世俗的名利而刻意追求，如果我终其一生只能在三尺讲台的逼仄空间中耕耘，那么，我为何不努力经营好这份工作，使其能够赐予我思考的快乐、发现的愉悦和创造的幸福？现实的教育大环境或许并不理想，但这并不影响我有滋有味地经营我的课堂，亦不影响我有滋有味地做教师。

本书试图传递给你的，正是这样一些朴实的价值认知。近40年身处基础教育的第一线，每天面对的不是教师便是学生，我实在是太希望我的同行们能够从应试教育的枷锁中解放出来，将教育教学当作一份值得耗费毕生精力去追求的事业而有滋有味地经营。我没有改变教育大环境的力量，能做的就是立足于自身的成长经验或者教训，从专业发展的各阶段、各环节为我的同行们提供参考意见。

本节共7章，大体上依照成长过程而设计。由从业之初的理想确立，到工作中的快乐建构，再到站稳讲台的技巧探究，直至成长为德艺双馨的卓越教师，每一章均用4节文字进行分解阐释。我将这28节文字称为"通往卓越的28项修炼"。我认为，任何一位教师，如果能将这28节文字倡导的内容落实到自身的教育教学实践中，最终养成自觉发展的习惯，就一定能够成为出类拔萃的教育工作者。我不擅长理论建构，能借助文字传递给读者朋友的，一定是我的真实而富有个性的思考。这些思考，或许符合你的价值观，也或许和你的价值观完全相悖。不过有一点需要肯定，我绝不会在我的文字中呼吁我的同行成长为疯狂应试的推手。

在近40年的教育生涯中，有幸遇到了很多富有教育情怀和教育理性的同道。因为他们的光芒照耀，我总是能够透过各种遮蔽收获光明。我当然无法逃离黑夜和乌云，但我始终相信，只要行走，就一定能够走过阴影与黑暗，走向充满情趣的明亮那方。

从翻开这本书的今天开始行动吧，敬畏你的教材，敬畏你的教案，敬畏你的职业，敬畏你的学校，敬畏你的学生，用虔敬的心态，把该做的任何事都往最美好处去做，如此，美好的梦便能再次降生，生命的花便能精彩绽放。

有滋有味做教师，唯有怀揣敬畏，才能经营出教育的独特滋味。

是为序。

刘 祥

2023年11月3日于真州

第一章 成长环境与教育理想

构成教育环境的因素很多，构成教师的成长环境的因素更多。

构成教育环境的因素，从宏大处看，有绵延两千多年的家国情怀与功业意识，有仁人志士用铁血丹心抒写出的道义、使命、责任与担当，有飞速发展的时代创造出的眼花缭乱的各类物质成就和思想成果，亦有社会转型带来的群体性焦躁无序、急功近利与饮鸩止渴。从细微处看，则更多体现为大众评价层面对教育的关注热度，体现为教育管理机构对教育的管理方式，体现为各级各类学校在全面提升学生素养和单纯追求升学率的博弈中的价值认知与行动策略，体现为每一个班级、每一名教师、每一位学生、每一个家庭对教育成效的不同理解与不同追求。

构成教师成长环境的因素，又在上述诸因素的基础上增添了更为具体的地方教育评价机制、学校管理文化、教师团队文化等内容。其中，最具影响力的因素是教师团队文化。教师团队文化中，大团队的影响往往小于小团队的影响。比如，一所学校所有教师的敬业精神对一名新教师的影响，敌不过同一个办公室内的几位教师的示范引领。无论多优秀的教师，终日面对几位得过且过的同事，就算其进取心始终不减，也终究会因为缺乏正向的激励和竞争而难以长久保持高涨的学习热情；无论多平庸的教师，日复一日处于一个蓬勃向上的群体中，即使每天都完全被动地参与群体活动，也终会一点点蓄积、一步步向前，最终拥有自身最精彩的业绩。

有人说，我们无法改变环境，只能接受环境，想方设法融入环境之中。对教师的专业发展而言，此种观点绝对荒谬。姑且不论我们是否有能力改变我们的成长大环境，至少在一所学校内、一个教师团队内、一个办公室内，每一个人都有能力在一定程度上影响并改变环境。毕竟，我们本身就是教育环境和成长环境中的一个重要组件。

近朱者赤，近墨者黑。朱与墨置身于同一个小环境之中时，是朱影响了墨，还是墨影响了朱，关键还得看朱与墨的定力。

教育理想，就是教师的定力。

第一节　成长中的"见刺"与"见花"

日常的教育生活中，经常可以见到这样的现象：

张老师与李老师一同参加了两天的培训。回到学校和同事交流时，张老师对四位讲课专家进行批评，分条列举讲课中存在的问题，比如某专家讲课不生动，某专家未能深入浅出，等等。张老师感慨："专家不过如此。"李老师亦和同事交流，分条列举听课的收获，比如某专家介绍了一种新的理念，某专家教了某种具体的方法，等等。李老师感慨："不虚此行。"

张老师和李老师参加的是同一个培训，面对的是相同的讲课专家。两位老师之所以形成截然相反的培训认知，固然不排除两位老师在学养、见识等方面的客观差异，更主要的在于接受培训过程中的主观心态。张老师习惯于"见刺"，李老师善于"见花"。张老师习惯于从寻常处观看，李老师则懂得变换视角，发现整体中存在的各种细节之美。

在心理学中，张老师的主观心态被定义为消极型人格，李老师的主观心态被定义为积极型人格。消极型人格者在各行各业中都不是少数。这类人，端起了清茶，便赞美咖啡；端起了咖啡，又想念清茶。要么恨鲥鱼多刺，要么叹玫瑰无香；独居则感慨孤寂，群居又厌倦喧闹。偌大的世界，在这类人眼中与心中，总是充满了遗憾，充满了失望。

积极型人格者当然也不是少数。积极型人格者眼中与心中的世界，虽然也有风有雨，有坎坷有荆棘，但他们能够坦然地接纳这样的存在，并视这样的存在为多彩生活的必然构件。积极型人格者看秋风扫落叶，想到的是下一个春天的新芽绽放；听众声聒噪，想到的是每一个生命都有自己存在的权利。他们几乎每一天都能惊喜地发现一些值得感动的新事物，到了

80岁，他们的心，依旧没有一丝白发。

拥有消极型人格的张老师们与拥有积极型人格的李老师们，构成了我们的缤纷生活。无论他们是何种心态，日子都流水般流向远方。张老师们永远不理解李老师们，在张老师们的眼中，李老师们不过是一群傻蛋，肤浅而容易满足，缺乏完美主义者的崇高与执着。李老师们也永远不理解张老师们，在李老师们的心中，张老师们活得太累，但张老师们有权依照自己的生活方式生活。李老师们把张老师们也当成一道独特的风景观赏，也就从没想到要改变他们的行走方式。

张老师们不一定短寿，也不一定终身蹉跎。但张老师们拥有的快乐，总不会多于李老师们。李老师们始终怀揣着一份欣喜去接纳身边的人、事、物，这些人、事、物也就成了装点李老师们岁月的各种佩饰，让李老师们永不绝望，永葆青春。

两类老师对待培训的不同态度，让我想起了前些年的一次集体旅游。几十位同事结伴出游，归来后总有人充满失望，也总有人充满欣喜。失望者眼见的每一座山、每一条河，都不过是石头、泥土、树木和水的随意拼凑；欣喜者眼中的每一座山、每一条河，都生长着独一无二的美好，隐含着独一无二的故事。事实上，山水从来不会主动逃避失望者，也不会主动迎合欣喜者。山水恒常，有差异的只是走近它的人。

我们当然愿意让自己成为李老师们中的一员，成为眼中有风景、心中有美好的欣赏者，但很多时候，我们偏偏是用张老师们的心态和眼光，看待我们生活中的一切。我们善于用假想中的美好，与现实中的人生进行比对，于是，我们感受到的总是失望多于欣喜。

西谚说，每一个人都是天使与魔鬼的结合体。以此推论，每一个人，也或许都是消极与积极的综合性产物。既然一枚硬币注定了要由正反两面构成，那么，就应该在看到不理想的一面时，想到理想的一面同样存在。

白天与黑夜，在周而复始的循环中交替。属于你的玫瑰，终将在你的花园中绽放。无论是"见花"还是"见刺"，你都得走进花园。花园，才是你无法摆脱的命运。

我们赖以生存的教育职场，其实就是你的花园，是你不得不日日经过的有花有草的风景区，或者是你的从不散场的培训会。职场中的每一位教师，不过是走进了一场持续几十年的培训，抑或是走进了一场耗用半生时光观赏、发现与感悟的旅游。

从培训的角度而言，"培训者"固然不乏一直在前方引路的专家、学者，更多的却是千变万化或者恒定不变的教育环境，是各具滋味的制度条令，是无形却又无处不在的校园文化，是身边始终结伴同行的同事，甚至是流水一样从远方欢腾而来又向远方欢腾而去的学生。这众多的"培训者"，或许是花，或许有刺，或许花与刺兼而有之。倘若几十年只见荆棘，如何不遍体鳞伤？如若几十年鲜花伴随，又如何不馨香盈袖？

从旅游的视角而言，教育恒在，风景恒在。能够称之为教育风景的，绝非万绿丛中的一点红艳，而是红与绿的综合，是"万绿"之中的每一片叶、每一根茎、每一抔土。教育的田园中，风景无处不在，尽管有的风景类似于黄山、张家界或九寨沟，有的风景类似于青海湖、戈壁滩或罗布泊。

虽然每一个人都构成他人的"培训者"和"风景"，但从我们自身的专业成长而言，则必须准确把握我们"受训者"和"旅行者"的身份，学会在"培训"中和"旅程"中多见"鲜花"少见"刺"。请注意，我只强调"少见刺"，而不是主张"不见刺"。明明有刺却视而不见，张开双臂拥抱时便难免被刺伤。知晓花下有刺，心中对刺保持足够的警惕，然后满腔热情地歌咏花的美好，这样的价值诉求，才是成长的正道。

有一个问题需要特别关注：自然界的花与刺属于客观存在，人类社会的"花"与"刺"却带有太多的主观倾向。在我们每日行走的校园中，尽管大多数的价值取向已经成为共识，但依旧不排除局部范围内"以花为刺"或"以刺为花"的现象，所谓"甲之砒霜，乙之蜜糖"即为此理。

比如，有人生性孤傲，常对学校的各种制度说三道四，专挑其中的各种漏洞。这样的人，往往会被一部分人视为"刺头"，但从制度建设的规范性与完善性而言，他却恰恰是一朵"凌寒独自开"的花。

再如，有人任劳任怨，始终以"不用扬鞭自奋蹄"的姿态坚定并"创造性"地执行各种指令，学校要求学生早晨6点50分到校，他便要求学生6点半到校,学校要求学生晚上10点半结束晚自习,他便要求学生坚持到11点再回去休息。他每天用十几个小时严防死守,杜绝了学生的课外阅读,隔断了学生与外界的所有联系。他抓稳了班级的"零抬头率",用试卷塞满了学生的所有空闲时间……这样的人,往往会被一部分人视作模范、先进,给他们披红戴花,但从教育的真实需要出发,从学生的生命成长规律出发,他们毫无疑问是野蛮生长于"立德树人"道路上的荆棘丛。

"花"与"刺"的标签错位,显然会误导很多教师,使其在专业成长的道路上难以正确辨识真正的"鲜花"与"荆棘"。毕竟,"花"与"刺"不过是两个符号,而符号与意义之间的关联,只是一种约定俗成。当一位刚走出大学校门的新教师一头扎进一所学校的特定教育文化之中,其看到的、听到的、体验到的全部是"花"这个符号和"刺"的实际意义的绑定,则该年轻教师在经历了最初的不相信、疑惑、半信半疑之后,很快便会承认这个约定俗成,并用这样的约定俗成来支配自身的专业成长。

这样的成长案例绝非偶然。在为数不少的崇尚"只要学不死,就往死里学"的学校中,很多新教师正是在这样的意义解构中一步步消解了从业之初对教师职业的敬畏,放弃了在师范大学的教育学课堂上确立起的教育理想,转而成为校园中的"灭绝师太"或"东方不败"。不是他们乐于抛弃理想与情怀,更不是他们自甘堕落,而是他们的成长环境只凭武功高下论英雄,并不需要男教师和男学生阳刚、正直、大气,亦不需要女教师和女学生雅致、端庄、自尊。不美好的成长环境将非常态的学习行为定义为"花",新教师便在条件反射中接受了这样的释义,并逐渐将其视为"花"的唯一"正解"。带着这样的"正解",若是要求他在"春服既成"之时,携"冠者五六人,童子六七人","浴乎沂,风乎舞雩,咏而归",他便必然视这种行为是玩物丧志、分散注意力、浪费青春,为其直接贴上"刺"的标签。

当然也会有更多的学校追求"过一种幸福而完整的教育生活"。在这样的学校中,教师引领着学生亲近经典、亲近自然、亲近生活。在此种教育环境下,"花"的符号和"花"的实际意义完全对应,教师始终成长于创造与发现的快乐之中。这样的教师便做得有滋有味。

当下，教育的大环境日渐趋好，片面追求升学率的现象逐步扭转，教育领域中的"花"与"刺"正逐步回归应有的原始意义。但思维惯性短时间内依旧很难控制，中学阶段经由数十年应试思维而凝结成的教育认知、教育行为、教育评价标准等因素，依旧会在一定时空内影响甚至左右年轻教师的"见刺"与"见花"。对于教育从业者而言，这也是一种大变局。在此变局中，无论是刚刚走上工作岗位的新教师，还是积累了三五年实践经验的年轻教师，或者是拥有一定的头衔、已经积攒了较为丰厚的教学资本的骨干教师，都需要重新审视自身的教育理想、教育情怀与教育素养，既要能够正确辨识教育中的"花"与"刺"，又要能够在教育教学实践中播种更多的"鲜花"，清理更多的"荆棘"，还要能够培养学生正确区分"花"与"刺"的能力。

如果你只是一名新教师，你该如何面对当下的教育环境，又该如何规划几十年的教育人生呢？

首先，你必须知晓，教育的本质在于滋养生命。如果你被要求完成的各样教育教学任务，都以消耗时间、消耗青春、扼杀兴趣为前提，那么，它一定不是真正的教育。就算有无数的人告诉你教育就该如此，你也应该坚信，这只是教育之"刺"，绝不是教育之"花"。

其次，你必须明白，教育是一种相互成全。你用你的知识、你的情感、你的智慧帮助学生更好地成长，你也从日常工作中和学生的成长中不断地积累成功的经验，不断提升自我的各样能力。你不能只做蜡烛，就算是需要发光发热，你也应该让自己成为具有充电功能的手电筒或者台灯。

你还需要明白，教育绝不只是会解几道题目，会逼迫学生完成各类试题。能让学生考出好的分数固然重要，但比分数更重要的是他们的思想、情感和自主学习的能力。你要竭尽全力帮助你的学生成为有思想、有情怀、有担当、有特长的人。这些都是身为教师的你该播种的教育之花。

如果你已经是一位成熟教师，或者骨干教师，你又该如何经营好你的教育小花园，真正地栽好你的"花"，管好你的"刺"呢？

首先，你需要在教育规律这面镜子前审视自己的日常教学行为。你需要静下心来认真思考：你在日常教学中感受到快乐了吗？你的学生会因为你的存在而幸福吗？你还需要盘点：你最近的一个月、一个学期、一个学年、一个教学循环都在阅读吗？你是否经常思考如何让课堂更加鲜活生动，如何让学生更加积极主动，如何让问题更加精炼准确？如果你不曾思考这些问题，或者偶尔思考了，得到的答案却全部是否定，那么，你一定很难正确区分教育中的"花"与"刺"。

其次，你需要有勇气将你若干年来积累的那些经验"清零"或"重构"——如果这些经验全部建立在单纯应试能力的培养上。新一轮的课程改革已全面展开，"立德树人"已成为考量教育行为和教育理性的最重要检测剂。在这样的教育发展大趋势下，旧经验难以转换为新方法，唯有勇敢地"清零"，从头开始，真正落实"育人"的宗旨，才能拔除思想中的荆棘，代之以教育百花园中应有的花朵。

其实，不管你属于何种类型的教师，既然已置身于这个岗位，你需要做的，都只是做一名真正的"护花使者"，努力创造条件让你的花儿经风雨、见世面，让他们以花的形象自在生长。

第二节　可以预约的光芒

　　高中语文教材中，曾收录过台湾作家林清玄的散文《可以预约的雪》。文中，林清玄借人生之多变与自然之恒常的对比，抒写了他对生命的个性化觉解。

　　诚如林清玄所言，人生几乎处于永不停歇的变化之中，每一个业已消逝的昨天、正在经历的今天和即将到来的明天，都与另一个日子绝不会完全吻合，因而也就注定拥有一份独一无二的意义。但这样的"变"与"意义"，与人的行为并无太大关联，奋斗抑或"躺平"，24 小时的逝去分秒不差。

　　身为教师，我们追求的"变"与"恒常"，必须建立在切实的教育行动的基础上。我们附加给教育中每一个 24 小时的独特意义，均应体现出对教育本质规律的"恒常"守望。也就是说，要想在三尺讲台上成就一份有意义的人生，有滋有味地走过几十年的教育历程，就必须竭尽全力地创新求变，努力赋予每一个日子以新鲜的、充满活力的、创造性的独特价值。但无论如何创新求变，其最终的目的地恒定不变。这个恒定的目的地由八个字构成：成全他人，成就自我。

　　人生最可悲的是什么？答案或许无限丰富。如果只从身处职场的存在价值而言，我以为最大的悲哀在于一眼望得见未来几十年中的每一天。今年的今天、明年的今天、十年后的今天、几十年后的今天，你都是站在讲台上，认认真真地完成一份知识搬运工作。你所搬运的物品，改变的只是外包装，里面的货色却始终如一。想一想，这是一件多么恐怖的事。

　　如何消解这样的恐怖呢？方法很简单：给每一个日子书写一份特殊的意义。

　　如果你只是照本宣科或者只是从网络上剽窃一份 PPT 便去完成一天

的教学任务，如果你走上工作岗位后便不再关注所教学科的最新成果或者不及时更新掌握的教学技法，如果你在面对每一次公开课时不反复研读教材、不在一遍遍的探索中经历由"山重水复疑无路"到"柳暗花明又一村"的磨砺，那么，你就无法赋予岁月以新意。

所以，"变"的着力点在于思想，而其根源在于教育理想和教育情怀。

倘若你每天早上醒来，便有一份未知的惊喜等候着你的拥抱；倘若你每天要上的课，都有一份神秘的力量等候着你去开掘；倘若你能够清醒地意识到，你面对的每一个学生都是那样的独一无二；倘若你能够更为明确地意识到，你自身就是一座有待深度开采的富矿，你不能让这些宝贵的资源沉睡，必须让它们全部发挥应有的价值……你只有意识到这些事物的客观存在，只有自觉主动地发现并响应这些事物的召唤，才能为每一个日子添加一个或者若干个美丽的注释。这些注释，就是专业成长中可以预约的光芒。

人生需要光芒。自带光芒的人，既可为他人提供光明，亦可照亮自身的前行之路。

只是，没有人天赋光芒，所有的光芒必然来自自我修炼。所谓"可以预约的光芒"，不过是主张在踏上工作岗位后，借助于恒常的学习、思考与实践，不断丰富自身的专业积淀，不断提升自身的学养修为，进而逐步远离平庸和琐屑，接近纯粹与高尚，让自己修炼成为有光的人。预约，不是一句空头的申请，而是一份实实在在的行动。预约光芒时使用的请柬，由专业实践、专业阅读、专业反思、专业写作构成。

任何时候，站稳三尺讲台，都是教师的基本素养和必备光芒。遗憾的是，很多人其实站得并不稳。

影响站稳讲台的诸多因素中，外部教育环境的强势介入固然不可小觑，更主要的终究还是教育者自身的学养、见识、能力和价值观。

在我所经历的几所学校中，因自身专业素养欠缺而无法顺利完成教学任务的教师均客观存在。20世纪80年代，乡村教师配备不完善，很多学科缺乏专业教师，那些非科班出身的教师时常会被学生欺负。我有一位教初中生物的同事，每次去班级授课，学生都会在他接近教室时故意高喊一嗓子"动物来了"。等到他开始授课，下面的学生便想做啥做啥，几乎每节课都有几个学生在教室后面打牌。学生们为何如此不尊重他呢？因为他的生物课永远都是读课文。这位同事中师毕业，自己就没有学习过生物。

21世纪的当下，此类极端案例基本消失，但因为教师自身学养欠缺而不被学生、家长和学校认可的教师却并未绝迹。课堂上只会照本宣科者有之，讲解例题时思维卡壳"挂黑板"者有之，课下辅导时经常解答不出学生问题者有之，理不清教学重难点者有之……凡此种种，根源都在于教学功力太弱。

学养当然不是与生俱来的。事实上，很多优秀教师也不是科班出身，但他们在走上工作岗位后能够正视自身的知识缺陷，勤于学习，勤于思考，勤于探索，才得以一步步远离困厄，走向职业生涯的圆润与明亮。

见识既是构成学养的重要组件，又独立于学养之外，并以学养为基础。见识与学养，你中有我，我中有你。

基础教育阶段的一线教师，其见识当然无法和高校中的著名学者相提并论，但这并不意味着教师只能孤陋寡闻、因循守旧。在信息技术高度发达的时代，只要愿意学习，便能够跟上知识更新的步伐。

教师的见识，由这样一些因素构成：学科本体性知识、教育学知识、心理学知识、各类通识性知识、社会生活经验、生存环境、特定文化、个体价值诉求。

教师的学科本体性知识，最初获得于中小学以及大学的课堂。由于基础教育的教学内容相对稳定，各学科需要传递给学生的本体性知识看似数十年没有改变，这往往会导致一部分教师在漫长的教学生涯中长时间"吃老本"。事实上，各类公理、定理或许没有变化，各种基础知识、基本技能或许没有变化，但承载这些本体性知识的教材始终在变，这些本体性知识用以解决的现实问题也始终在变，部分学科也在科技的发展过程中不断拓宽知识的应用疆域。面对这些可见的变化，善于学习的教师自会及时吸纳、自主更新。

教育学与心理学的知识，支撑着教师的教学技能与教学态度。这两方面的知识始终处于不停歇的变化状态，具有鲜明的"与时俱进"特征。更重要的是，这两类知识从不会静态停留于教师的知识库存之中，而是随时随地以动态化的教育教学行为呈现。比如，当积极心理学、消极心理学均成为具体的研究对象之后，传统的教育心理学就必须将这更加细化的心理学知识纳入其中，才能更合理地解析学生的各种心理行为。

教师大脑中贮存的各类通识性知识，是影响教师见识的最重要因素。基础教育阶段的教师大多具有"杂家"的特征，天文地理、三教九流之学、五花八门的信息与知识，都可以构成教学的资源，用以丰富教学内容、拓展课堂容量、扩大学习视野。教师能够在课堂上旁征博引，将古今中外的各类信息看似随意地融入教学内容之中，学生便会从心底涌起一份欣喜和崇敬，进而在"亲其师而信其道"中相对愉悦地投入到学习之中。

社会生活经验亦是构成教师见识的重要成分，但此种成分应用于日常教学时必须注意分寸，不能喧宾夺主。在日常教学活动中引入教师的社会生活经验，其价值往往在于创设特定的学习情境，将来自书本的静态化知识和来自生活的动态化感知相结合，构建起学以致用的学习模式。在该模式中，书本知识为主，生活经验为辅，所有的生活经验必须服务于书本知识的理解与应用。

生存环境和特定文化是影响教师见识的两个外部因素。从整体上而言，教师所生活的地区文化越繁荣、经济越发达，教师能够接触到的外部世界便越广阔，其思维的开放性也就越大。反之，信息越闭塞、人员流动越少，教师获取外部信息的路径便越狭窄，教师应对教育教学以及应对生活的能力也就越弱。从这一点而言，长期固守一所学校往往不利于教师的专业成长。不断改变工作环境，是促进教师专业发展的助推器。

个体价值诉求是上述各种因素赖以存在的根本。一名教师只有乐于经营自己的这份工作，才会想方设法地扩展自己各方面的见识；倘若从心底里不热爱这份工作，仅是将这份工作视作挣钱养家的工具，甚至视作逃避竞争、不与外界交往的精神避难所，则其很难在知识更新、能力提升、视野拓展等方面投入时间和精力，也就很难获得大境界、大见识。

教师的能力包含职业能力和生活能力两大块，其中，职业能力又分为教育能力、教学能力、教研能力三种类型。

从理论上而言，教师的职业能力应该随着职龄的递增而日渐丰富，毕竟能力来自实践与积累。但在实际的教育教学生活中，为数不少的教师工龄越长，教学能力反而越弱。形成此种反常的最重要因素，在于这种类型的教师缺乏教研意识，既不关注学科本体性知识的更新，又不研究教育学、心理学的成果，亦不追求教学过程中的身心愉悦。这类教师，工作即是消耗——用几十年的时间，消耗中学和大学数年积攒下的那点儿资本。

这样的消耗，注定无法形成光芒，不但不能让职业生涯光辉灿烂，反而日复一日地用尘垢抹去曾经的光泽，最终收获一地鸡毛、满眼尘埃。无数个曾经意气风发的鲜活生命，被得过且过剥蚀了所有的色彩，退休时除了一堆教案或听课本，再无支撑腰杆的坚实教育成果。

你思考过这样的问题吗：同一批新教师进入同一所学校，其职业生涯的起点基本相同，为什么三五年后有人成了各类教学竞赛的获奖专业户，有人却被贴上了"不能教书"的标签，成为学校欲驱之而后快的对象？同一个教师，刚工作时课讲得十分有灵气，为什么工作三五年后讲课便缺少了活力，工作20年后其课堂便了无情趣？同一所学校中，为什么刚工作的教师总是最受学生喜爱，年龄越大的教师越是不受学生欢迎？这三个"为什么"反映的问题虽然不是所有学校的恒定事实，但终究属于普遍现象。追根溯源，难道不是因为职业能力出了问题？只消耗不补充，坐吃山空，如何能够让生命焕发光芒？

所以，无论我们目前处于什么样的环境、什么样的年龄，拥有什么样的知识储备，身为教师，都该思考：我们需要光芒吗？我们预约光芒了吗？光芒是可以预约的，就像春花可以预约，夏果可以预约，秋实可以预约，冬雪可以预约。

我们可以和未来签个约，许以每周读一部专业书籍。一周一部作品，一年就是52部。有了这些专业阅读，我们的本体性知识、教育学和心理学知识、通识类知识，甚至我们的社会生活经验就会得到及时更新，我们就能不断充实自己的大脑，让我们的思想拥有源源不断的输入。

我们可以和未来签个约，许以每天写作一千字的教育反思。成长需要拔节，这写到纸上的教育反思就是教师的成长之节。一个人只有养成及时反思的习惯，才能不断总结经验得失，为下一个日子、下一次活动提供足够丰富的方法或警醒。

我们还可以预约公开课，预约专题讲座，预约策划并组织各项学习活动，预约外出观摩学习，预约呼朋引伴成立互助学习小组或者读书会……有了这一个接着一个的预约，每一个日子便都被注入了新的意义，每一个日子便都值得憧憬和期待。

也许你觉得上述的"预约"太多，以你的能力无法兑现，那也不妨适度降低要求，先从能够达成的目标做起。事实上，人的潜力无穷无尽，人的惰性也无穷无尽，任何时候都不要小看了你的潜能。

我在2007年7月4日至2008年6月7日这段时间内，曾坚持每天至少写一千字的教学日记。那一年，我带高三，两个班的语文课，一个班的班主任。因为我在网络上看到教育科学出版社在征集"新教师成长日记"，便想试试能否坚持写一年的高三教学日记，参与这个主题出版计划。一开始我也不相信我能坚持下来，毕竟每天都有三至四节课，还有那么多的作业和试卷，加上早自习、晚自习看班。

但果真去做时，发现也并不是很难。一千余字，用电脑敲出来，最多也就一个小时。每天挤出一个小时的时间去盘点这一天的得与失，记录下特定时代高中毕业班生活的酸甜苦辣，我发现很有意义。后来，我如期完成了这个日记，累计50余万字，寄给教育科学出版社，很快得到出版。我想，这本《走过高三》不就是一份预约来的光芒吗？如果当初因为高中毕业班工作量太大、压力太大而不去完成这每天的一千字，那空出来的一个小时也不见得就被我合理利用到专业发展之中。

经历了这部书稿的写作之后，我开始相信一个事实：人的成长需要自我加压、自我逼迫，唯有把自己"逼"上了专业发展之路，才能真的拥有专业发展的动力，进而取得一定的专业成就。此后十多年间，我继续坚持每天写作一千字，陆陆续续地发表了千余篇教育教学的文章，出版了十几本教育教学著作。这些成果，也都属于我预约来的光芒。

我能做到的，你也可以做到。不信吗？预约一个试一试，专业阅读、专业反思、专业写作，只要坚持去做，就一定会有收获。

第三节　多一点敬畏之心

如果只以"既敬重又畏惧"的字面意义为参照，则每一个身处职场的人对其从事的职业都注定存在一定程度的敬畏之心。只是"敬畏"这个动词涉及的宾语过于丰富，世间万物皆可纳入其中，而"敬畏"者的心态与动机也千变万化，因此谈论教师专业发展中的敬畏之心，就必须首先界定"敬畏"的对象，然后确立"敬畏"者的应有心态和合理动机。只有所"敬"所"畏"皆立足于教育本真，皆服务于教师和学生的真正成长，其敬畏之心才多多益善；倘若敬畏的是教育之外的名利或威权，敬畏越多便离教育越遥远。

在现实的教育语境中，初入职场的年轻教师往往很难合理界定敬畏的应有对象。最寻常的景象是，对校长、副校长等各类管理人员持仰视姿态，对老教师持敬重心态，对所有职龄较长、经验看似很丰富的同行持谦恭之态，而对其终日面对的教材、学生则持平视甚至俯视姿态。此种以"人"为主要对象的敬畏，究其本质，算不得教育领域中应有的价值认知。

教育领域中的敬畏之心，应该始终以"理"为对象，敬畏教育自身的运转与发展之理，敬畏学科知识结构之理，敬畏课程体系中无限丰富的思想之理，敬畏师生共同成长中的人情人性之理……一言以蔽之，即"敬畏真理"。

教育领域中属于"真理"的东西很多，最经典的莫过于陶行知先生的"千教万教，教人求真；千学万学，学做真人"。所有的教育"真理"，必须指向生命的健康成长。任何一种以牺牲当下身心健康为代价的教育教学行为，都绝对不属于教育的本真态势，也就不值得敬畏。

在日常的教育教学生活中，我们该对哪些东西心存敬畏，又该对哪些行为无须敬畏呢？

第一，请对我们赖以生存和发展的教师职业心存敬畏。

曾听一位名师讲述过这样一个故事：某位特级教师外出开设示范课，结束后的晚宴上，一桌子的教师聚在一起边吃边聊。一位小有名气的青年教师给大家讲了一个笑话，拿教师职业寻开心。笑话讲完后，该特级教师便拒绝这位讲笑话者的敬酒，更不愿意收他做徒弟。其理由只有一条——不懂得敬畏自己职业的人，绝不会成长为一名真正优秀的教师。

这个并不生动的小故事，传递给读者的只是一个简单道理：任何时候，从事了一份职业，便应该对其持有一份敬畏。唯有敬畏，才能想着将其尽量做得更好。一旦丧失了敬畏，便容易忘乎所以。

现实生活中，外界对教师职业的评价从来不像媒体宣传的那样光鲜亮丽。在普罗大众的口中和心中，教师很大程度上正遭遇着妖魔化。最典型的说法就是教师课堂上不讲解主要内容，将重点全部留到课后的家教中。

身为教师，我当然不全部相信这样的说法，但我也深知，确实有极少数的教师有过这样的行为。这样的教师便属于教师职业的抹黑者与谋杀者，绝不会对自己的职业心存敬畏之情。在他们的思想中，这个职业不过是用来获取利益的一种工具，而非雕塑灵魂的一份事业。

真正视教育为终身追求的事业的教师，绝不会在灵魂深处看轻了教育的价值。他们或许会对现实中存在的各种"反教育"行为深恶痛绝，但绝不会像局外人一样一味地指斥或者谩骂，而是竭尽全力修缮其各种瑕疵，努力推动其朝美好的方向前行。罗曼·罗兰说，世界上只有一种真正的英雄主义，就是认清了生活的真相后还依然热爱它。一位真正热爱教育的教师，就应该是这样的英雄主义者和理想主义者。因为在他们的心中，始终存在着一张近乎完美的教育蓝图，为了这张蓝图，他们愿意心存敬畏，永恒追求。

第二，请对我们传承的文化、传授的知识心存敬畏。

任何时候都不要轻率地认为自己已全部掌握所教学科的各类本体性知识，更不要奢望自身已通晓教育学、心理学、历史学、哲学等教育专业知识和通识类知识。在人类社会浩如烟海的文化成就面前，就算是世间最聪明的大脑，其能够了解并合理应用的也只是沧海一粟。

这个道理相信所有人都明白，但落实到具体的教学工作中，却始终有一部分教师过于自信，并不愿意静下心来深入研究所教学科的各类知识及其意义关联。有些执教政治、历史、地理学科的教师，每节课都忙碌于将课本中的信息摘要书写到黑板上，或者勾画在教材上，然后用一份份的练习不断强化这些静态化知识的机械记忆能力。有些执教语文学科的教师，不愿意耗费时间沉潜至文本中涵泳咀嚼，只依照网络上的某些教学设计或者PPT便敢于组织学习探究，以至于经常弄错文本的时代背景，曲解作者的创作意旨。有些执教英语学科的教师，热衷于用看似热闹的课堂活动替代富有思维含量的高水准课堂对话，让英语学习始终徘徊于文学和文化的大门之外，无法真正感知英语社会人们灵魂深处的情感与思想。有些执教数学、物理、化学学科的教师，习惯于用解题、做题代替思维训练和操作能力训练，知识陈旧，方法单一，甚至还有人时常在课堂上出现"思维短路"，解不了相关题目，或者解错了相关题目。凡此种种，皆属于对文化和知识缺失应有的敬畏之心。

如果心怀敬畏之心看待我们传承的文化与传授的知识，则会在备课时绞尽脑汁地思考，则会为了弄懂某一个细节而不惜花费数个小时甚至数天时间查阅资料。当然，这样做的前提是能够在备课时发现困惑。比如，很多年前当我第六次执教毛泽东的《沁园春·长沙》时，突然发现前五轮的教学都忽略了对"怅寥廓"中怅恨之情的深度思考。为了解决这个问题，我先是在网络上检索了为数众多的关联性资料，阅读了中共党史中的若干文史资料，后来还阅读了美国人罗斯·特里尔的《毛泽东传》和英国人迪克·威尔逊的《毛泽东传》。当我终于理顺了诗人创作该作品时独特的内心感受，所有的付出便都转换成了一种难得的欣慰。

我曾在很多场合与天南海北的同行聊起这件事。有人说："搞清楚这个问题有什么价值呢？考试考不到，与教学参考书中所给的解读也不一致，对学生的成长也不构成多么重要的影响……"从功利性的角度而言，这样的说法自有其道理，但我以为，我既然要带领学生学习这篇课文，就应该在组织教学活动之前，自己先尽量把文本中的内容理解透彻。在前五轮的教学中没有思考到这一点，那是因为我的认知能力有欠缺，现在发现了这个问题，就有必要了解它。我想，这就是我对语文学科中需要传承的文化和需要教授的知识的敬畏。

第三，请对我们的专业技能和课堂活动心存敬畏。

教学技能不是一种感性的经验，而是一种理性的、专业的技能。教师的教学技能，一部分来自师范学校的教育学课程和教材教法课程，另一部分来自工作之后的习得性经验，还有一部分来自基于教育实践而激发出的阅读、思考与探索。三者中，最后一点最为重要，成为区分优秀教师和平庸教师的最重要的检测剂。

在现实的教育情境中，完全不讲究专业教学技能的教师或许并不存在，只是，为数众多的教师的教学技能只属于经验，不属于科学。在几乎所有的学校中，都存在着一定数量的只依靠经验工作的教师，他们看起来兢兢业业、忙忙碌碌，一方面不折不扣地完成各类教育教学任务，另一方面又以过分忙碌为借口，不接受专业培训，不开设示范课，不主动阅读专业书籍和报刊。

事实上，将"天道酬勤"这个成语应用于学科教学技能的养成与发展时，其"勤"的本质从来都不指向单纯的时间消耗，而是指向勤于阅读、勤于思考、勤于实践。在以"县中模式"为代表的学校中，时常有一些所谓的优秀教师或者把关教师，数年如一日地扎根学校，从早晨 6 点开始工作，至晚上 11 点以后休息，全过程对学生严防死守，至于其课堂教学，则是数年如一日地搞题海战术，依靠抢用学生的课余时间来实现本学科的应试成绩的提升。这样的教师，敬畏的只是分数、升学率和个人名利，绝不是教育教学的专业技能。

对专业技能心存敬畏的教师，必然对课堂活动也充满敬畏。优秀教师之所以能够在课堂上更好地吸引学生，在于其教学过程中的每一个活动，都必然建立在精心预设或合理生成的前提之下。对课堂活动心存敬畏的教师，就像一名敬畏表演艺术的优秀导演，总会在每一个细节的设定上都反复斟酌推敲，力求其最大限度地激活学习者的学习热情和思辨能力。为了这样的敬畏和"激活"，他们往往在授课前反复预演，就像一位将军在决战前反复进行沙盘推演。也正因为如此，优秀教师才会因为课堂上某个活动的失误而长时间懊恼不已，也才会因为课堂上某个出乎意料的精彩而兴高采烈。须知，教学中有敬畏才有悲欢，从来不思考如何更好地组织课堂活动的教师，自然不会因为一节死气沉沉的课而垂头丧气。

第四，请对学生的个性化成长需求和共性化生命价值心存敬畏。

应试、升学与成长，同属于"人生"这条道路。前两者，路程并不遥远，路途亦并非荆棘密布。相比较而言，后者才是贯穿起点和终点的全程性行为。如果需要将这三者的关系作一下比喻，则成长就是一次漫长的旅行，升学只是旅程中的某一个站点，应试则是购买车票从某个站点登上旅行列车的一种行为。

21世纪20年代的当下，依旧有为数不少的学校和教师未能正确认知应试、升学与成长的关系。在这部分学校和教师心中，应试既属于至高无上的人生目标，也属于无可匹敌的生命历程。为了这个目标和历程，他们在学校教育中一味强调纪律和服从，强调消弭一切个性的执行力，要求学生不看闲书，不追星追剧，不关注窗外发生的一切。在这部分教育工作者心中，好学生就应该非应试勿视，非应试勿听，非应试勿言，非应试勿动，至于"风声、雨声、读书声，声声入耳；家事、国事、天下事，事事关心"，则只是语文名句默写中的一个考点，绝不将其纳入真正的育人行动之中。

真正的教育当然不是这样。

真正的教育，必然是对个性、成长与生命心存足够的敬畏。真正的教育者，会将每一位学生都视作独一无二的"这一个"而予以关爱和教育。真正的教育工作者会清醒地意识到，每一个孩子来到学校，都是为了从学校教育中收获人之为人的道理，养成服务他人、服务社会的基本能力。为了让孩子们接受更多、更高深的知识，教师需要帮助他们学会应对各种考试，督促他们修正各种不必要的旁逸斜出，但绝不会将教育统一成普罗克汝斯忒斯的大铁床，将所有的孩子统一为一样长短的形象。

当今，"小镇做题家"和"985废物"成为一种具有强烈羞辱意味的标签，被强行贴在某一类青年的身上。这类青年在解题和应试之外，视野相对逼仄，社交能力相对匮乏。而恰恰是这样一批青年，当他们走上社会并被碰撞得焦头烂额之时，他们的照片和励志名言或许正在母校的宣传橱窗或者教室走廊中熠熠生辉。他们被视作家乡、学校以及教师的骄傲，被树立为中学生学习的榜样。

当然，理想的教育在尊重个性的同时，也绝不会放弃对共性化生命价值的敬畏与雕塑。优秀的教师必然知晓尊重个性绝不等于放纵私欲。精致的利己主义者实际上恰恰是丧失了应有的个性，迷失在世俗社会追名逐利的共性化价值诉求中。

好的教育应该敬畏什么样的共性化生命价值呢？最浅近的共性化生命价值是敬畏生命，绝不因为遭逢了点滴挫败便轻易放弃生命；稍高层级的共性化生命价值是"隐忍以行，将以有为"（文天祥语），为了达成某种理想或目标而坚韧地活着；更高层级的共性化生命价值是"铁肩担道义，妙手著文章"，是"天下兴亡，我的责任"，是让他人因为我的存在而收获幸福。这样的共性化生命教育，不是将一堆口号灌输给学生，而是要用优秀传统文化滋润他们的灵魂，使其能够拥有健康的家国情怀和人生理想。

第五，请对自身的存在价值心存敬畏。

人生最可悲的事，是走完了生命全程之后，身后未能留下任何一点印痕。身为教师，我们是否也应该时刻警醒自身，看一看走过的教育路径上到底留下了什么？时常有教师会如数家珍地介绍，在自己的教育下走出了多少名校学生，似乎这些数字就是自身留下的印痕。事实上，学生考取什么样的学校，很多时候和遇到的教师并无特别密切的关联。依旧用旅行来作比喻，有哪一位司机或者售票员会愚笨地认为旅客能够到达目的地，全部是自己的功劳？旅客乘上哪一列车，不过是一种偶然。学生遇到某一位教师，也是一种偶然。

但这绝不是说教师便不会对学生的成长产生影响。因为遇见了某一位教师而改变了人生命运的事例，在教育领域中从不匮乏。所以，当我倡导对自身的存在价值心存敬畏时，其实就是希望我的同行们，千万不要将学生取得的成就视作自身付出的必然果实，而是要认真思考自身是否真的在做教育，是否真的在帮助学生健康地、幸福地、合乎规律地成长。

在我的生命历程中，经历过的教师接近百位，但真正影响到我的人生轨迹的却只有几个人。一位英语教师用罚站扼杀了我对英语学习的全部兴趣，让我在随后的应试、学历晋级、职称晋级中遭遇数十年的挫败；两位语文教师用智慧和爱激活了我对文学、对人情人性、对语文教学的全部热情，让我在职业选择、专业发展、兴趣养成等方面拥有了持久的动力和能力。我从这三位老师身上，感悟到教育者的一言一行背后的重要影响力，因而也就对自身的存在价值充满了敬畏。我知道，我不经意间的一个眼神、一句话，或许就能够构成某个孩子灵魂深处的一束明媚的阳光，或者一柄寒气森森的利剑。

人，最难认知的恰恰是自身。有人说，人不可有傲气，但不能无傲骨。傲气与傲骨的最大区别，在于傲气作用于他人，张扬着一份暴戾，而傲骨作用于自身，宣示着一份自尊。身为教师，我们需要敬畏自身的存在价值，就是要呵护我们的这份自尊，并将这份自尊转换为学生们更好发展的推进力。

第四节　优秀是自己逼出来的

50 岁那年的寒冬，我给自己写过这样一篇短文：

如果我能随身携带一缕阳光，那么，我就能在沉沉的暗夜中，随时播撒一份光明。我将用这束阳光，照亮足够的时间，让 24 小时都散发出迷人的温暖。在别人酣眠时，我将用这束阳光引路，去观赏夜的黑幕后面的无限精彩。我愿意和一切人、一切物分享我的这缕阳光，让他们同我一样，看见寂静背后的热烈，寒冷背后的温暖。

我不会用五彩的油漆涂抹这缕阳光，也不会用华美的丝绸包裹它。我将把这缕阳光完全曝露在我的手中，就像擎着一支燃烧的火把，或者托举着一份信仰。

我将陪伴着这缕阳光，一同走进生命的森林，去拨开层层枯叶的遮蔽，开垦一份只属于我的精神田园。在这里，我愿意种下各种蔬菜，用这缕阳光为它们提供生命的养分；我还愿意种一些水稻、小麦和红薯，用这缕阳光，呵护它们的整个生长期。我独自欣赏着植物们在这缕阳光中发芽、开花、结果，就像一位老祖父，独自欣赏着他的子孙们在院落中纵情嬉戏。

在每一个黎明到来的那一刻，我将同这一缕阳光一同起床，去巡视我的田野，点亮万物生长的希望。我并不讨厌风雨，也不憎恶黑暗，因为我知道，风雨和黑暗也是生命成长中无法缺少的一份滋润。生命需要摔打，也需要休眠。我和这缕阳光，只唤醒应该起床工作的花儿草儿，却不惊扰刚下夜班的人们。

整个白日，只要太阳高悬头顶，我都让这缕阳光自由活动。它可以去我的园子里找昆虫聊天，可以躺在树叶上打盹，可以蹲守在一个老树桩旁，掰着手指头，计算圈圈年轮。我明白，好好休息，是为了好好工作。我的这缕阳光，尽管同我形影不离，却终究不是我。阳光就是阳光，即使只有一缕，也是独立的、自由的一缕。我无权干涉它在休息日的一切活动。

生命的寒夜开始时，我需要同这缕阳光一起，为自己充电。我们将在巡查了田园中的万物之后，窝在常春藤编织的椅子上，共读一本有趣的书。阳光的阅读速度总是比我快很多倍，但它懂得等候，忍受得住我的字斟句酌。更温馨的是，它用自己的光芒，将每一个字都渲染得无比温情，让我的心，全无丁点寒凉。

春秋代序，寒暑易节，我携着这缕阳光，这缕阳光也携着我，就这么且行且歌，且歌且行。我的田园中，花儿草儿交替荣枯着，庄稼也一茬接着一茬地轮换。阳光却永不苍老，总是挂着灿烂的笑，憨憨的，像个农家少年。每天面对着这样的笑，我的心，也就永远年轻。

若干年后，我将与这缕阳光一同远游。我们将去探望皑皑白雪中的雪域高原，将去拜访黄沙漫漫中的边陲戈壁。我们将携手播种明媚与温暖，将共同书写过去的、当前的、未来的岁月记忆。我们的足迹将渐行渐远，每一个印痕中，都将闪耀着这缕阳光的明媚色泽，生长着我的期盼与祝福。

这篇题为"携一缕阳光，走向遥远"的文字，是我的一份诗意化的人生宣言。我想用这样的文字，给未来十年的职业生涯预设一份温暖与明亮的目标，让退休前的每一个日子都拥有独一无二的意义。

40岁那年，我给自己写的短文是《渴望公开课》。彼时，我虽已工作18年，却刚刚开始理解教育，刚刚开始给自己确立前进的目标。那时的我还很世俗，很焦躁，也很功利。

许是年过不惑的缘故，只感觉心中的激情开始一天天远逝。课堂，慢慢地成了一种可以闭着眼睛完成的技术活儿，于是我想，我需要上一些公开课了。

从工作的第三个年头算起，已无法统计上了多少节公开课。我是一个个性孤傲的人，开课，并不愿意接受别人的帮助，总喜欢在夜深人静的时候，将教科书握在手中，一遍遍地诵读，一点点地找寻心中的触动。很多时候，以为设计得已经很完善了，才放下书，熄了灯休息。但是刚躺下，又会有灵感突然从心灵中的某个角落涌出来，一下子便充盈了我的整个大脑。我便又异常兴奋地从床上跃起，拿了笔迅速记录下这灵光一现的东西，记完了，把笔一扔，继续睡觉。

或许我的骨子里存在着一种"人来疯"的基因。每次上公开课，我的神经细胞都能高度兴奋起来，在课堂上能说出日常教学中无法说出的话，能联想出平日里无法想到的事。我从不畏惧听课的人，无论台下听课的有多少人，他们是什么样的身份，这些都只能是激发出我的兴奋点的要素，而不会构成我的怯懦。

所以，很多同事说我属于那种表演型的教师。听课的人越多，课就上得越出彩；听课的级别越高，课上得越成功。

其实，在生活中我是十分木讷的人，只有在老朋友面前，才能找到言说的话题，如果面对的是陌生人，则只能是木鸡一只。倘若对方是个善谈的人，那我还能做个称职的听众；如果对方也一样的沉默寡言，那就只有大眼瞪小眼地犯傻了。

但我却独不怕公开课，甚至有点上公开课的癖好。但凡有此类任务，别人总喜欢推脱，我则心安理得地接受，如果不是因为一点中国人的内敛，或许还会主动去争取。

更换了工作环境后，上公开课的机会少了很多，心中的斗志和热情也随之淡化了很多。课堂，早已驾轻就熟，如何才能让剩余的20年的教师生涯重新精彩起来呢？对我而言，也许，公开课就是最好的调节器了。

也曾在常规课堂上变化了各种方法来激发自身的热情，也曾在键盘上昼夜敲击，写点教学的感思与揣摩，但总不及公开课所能带来的那种兴奋和躁动。就像初恋的女子，期待着与相爱的人那美妙的相逢一般，我在教学活动中，似乎总有一种对公开课的期待。我想，我总不至于是患了公开课期待症吧。

不开设公开课的日子，波澜不惊中流淌着的，是经验与因循的杂质。尽管也在摸索也在变革，却似乎总少了些能动，少了些激情。于是，我开始理解那些名师四下奔走上课的原因了。世人多感觉名师们是在捞钱，我却知道，他们是在奔走授课中，激发着自己的生命潜能。

人，总不能也不应该浑浑噩噩地行走在职业的河岸上，与其做个看客，不如自己到风浪中搏击。找寻到让生命始终奋发的灵感，不是一种有价值的存在方式吗？所以，我渴望公开课。

此文在博客上发表以后，有人认为我很矫情，似乎是在自吹自擂。其实我是想用公开课这个武器，逼迫自己走出常态化教学中的认知惰性，努力经营好每一节家常课。

30岁那年，我似乎啥也没写，但又似乎写了不少。那时我正热衷于创作诗歌，并未对教学研究形成太多的兴趣。那时，我在学生的作文本上、评语簿上、班级的黑板上、走廊的水泥地面上随心所欲地写了无数的诗句。我还在学校新教学楼交付使用的现场会上即兴创作并吟诵了一首长诗，我在诗中将所有的学生都比作了李白或杜甫。我想象着有了宽敞明亮的教学楼，所有的孩子便都会自然而然地热爱学习，都能够成为出类拔萃的人才。我对我的学生充满自信，也对我自己充满自信。

但我很快便不再自信。我考取了华东师范大学成人教育学院的本科函授，在集中面授时遇见了几位喜欢写教学论文的同学。随后，我又在赴河南郑州参加一个教学活动时遇见了一句话："一名教师如果不读书不思考，那么，工作十年之后，他教哪个年级，便只有哪个年级的水平。"这两次遇见迫使我开始思考：别人能够做到的，我为什么没有做到？通过思考我才明白，我过于追求生活的舒适与安逸，缺失了逼迫自己朝向美好前方行进的力量。

之所以要逆推30余年的专业成长中的这三个节点，是因为想要追溯专业发展道路上由"他律"到"自律"的行走轨迹。毕竟，只有在经历之后才会真正明白，年轻终究伴随着太多的张扬甚至张狂，总以为自己有足够的力量撬动教育这块顽石。而当我们不得不沿着岁月的河流一步步向远方走去时，才会越来越真切地发现，原来我们连自己都很难改变，更谈不上改变他人、改变教育。

怎么办？方法只有一个：逼一逼自己！逼自己知耻，逼自己思考，逼自己定位，逼自己行动。

知耻才能后勇，不知耻则必然放纵无忌。教师之耻是什么？是不敬畏自身的职业，不尊重所教的知识，不钻研教学技巧，不探寻教学规律，不给年轻的生命以一个向光明不断迈进的目标。

2013年，一位网友找我聊天，说自己40岁不到便评上了高级职称，也评上了设区市的学科带头人。他说后面还有20年的教育路程需要行走，不想让这20年消耗在浑浑噩噩之中。于是他告诉我，他准备将主要精力投入到教学研究中，计划每两个月打磨出一篇高水准的教学论文。

该网友的行为，便是逼自己知耻。他以教学中的得过且过为耻，以躺倒在功劳簿上吃老本为耻，便开始逼迫自己走上教科研的道路。这样的逼迫，带给他的是2014年间共写了十多篇论文，发表了七篇，其中核心期刊一篇。他说，以前总认为写论文很神圣、很难，便一直想写而未写，评职称时的几篇论文，多是通过非正规途径发表。现在，想想自己才刚到40岁，未来还有很长的路要走，不能总在学科带头人的位置上驻足不前，便给自己下达了死任务。结果想象中无比艰难的任务，完成起来却并非困难重重。

遗憾的是，该网友2015年转入学校管理岗位，将发展目标转移到了行政职位上。因此，他也不再逼迫自己打磨教学论文。至今，他发表的高质量论文数量依旧是七篇。

类似于该网友的成长经历的故事实在太多，比如：有人逼迫着自己参加教学基本功竞赛，用半年时间狂读数百本专业著作，全面提升了对学科相关知识的感知与理解；有人逼迫着自己每天坚持写作教学随笔，用近20年的坚持迎来教育思想的全面更新；有人逼迫着自己不断打破生活的舒适区，让自身始终处于一种全新的挑战之中……

我开始步入教科研之路时，也是先给自己下个套，预设了一个貌似无法达成的目标，然后逼迫着自己一点点地抵近这个目标。前文所举的《走过高三》的写作与出版，就是一个典型例证。现在，熟悉我的人都说我特别能写，发表了千余篇文章，出版了十几本书。其实这些成绩完全建立在近20年的每天阅读一万字、写作一千字的基础之上。

不把自己逼上专业阅读和专业写作之路，也就不要奢望拥有与别人不一样的教育人生。

此种自我逼迫型的成长，在那些名扬全国的杰出教师身上体现得更为充分。有一位名师，工作20余年，换了6所学校。每当她在一所学校工作至顺风顺水的地步时，便开始折腾，非要将自己弄到一个完全陌生的环境中。她说，只有重新归零，才能不断激发自己的进取心。对她而言，变换环境便是一种良性的自我逼迫。

还有一些名师，什么样的文本难教，便挑战这样的文本；什么样的班级难带，便带这样的班级。这种看似自虐的行为背后，跃动着一颗永不甘于平庸的心。只要这样的心存在着，他们便处于不断思考、不断探索的教育路途中，便始终能够在自我逼迫中一天天朝向完美发展。

现在，总有一些教师，一方面不满于自身的平凡，希望得到学校的重视、领导的提携、名师的帮扶；另一方面却又贪图安逸舒适的生活，懈怠于逼迫自己读书、写论文、反思各种教育教学问题。这样的同行，畏惧耕耘，奢望收获。面对他人的成就，要么怨天尤人，要么愤世嫉俗，总以为生存环境太差，人心太过阴暗，全社会都对不起自己，唯独忘记了深刻地自我反思，忘却了逼一逼自己。

也有人会说，我既不想当劳模，又不想评特级教师，更不想做校长，只想安安静静地教书，干吗非要逼着自己做不想做的事呢？且不论这样的说法是否真的发自灵魂深处，就算确实有这样的教师存在着，他也依旧需要逼一逼自己。安安静静地教书，又如何不需要不断更新自身的知识结构、不断吸纳先进的教学主张和教学技法？不逼迫着自己钻研，就永远无法安安静静地教书。

所以，人是需要一点自虐精神的。把每一个日子都过成闲庭信步，最终拥有的，只能是头顶那片并不属于自己的天。为自己找一片荒野，给肩头荷上锄犁，去耕耘，去播种，去栉风沐雨，才能在秋风起处，既收获五谷与瓜果，又收获强健的躯体和丰收的愉悦。

优秀是自己逼出来的。从今天起，逼一逼自己吧，给前方预设一个目标，给行动预设一个动力，给未来预设一个希望，给生命预设一份精彩。有了这些预设，或许，生活的每一天，都能够生成缤纷的惊喜。

第二章
在工作中建构快乐

我时常推销一种很幼稚的观点：教学的至高境界是好玩。

我所主张的好玩，当然不是电影院里观看喜剧、马戏团里观看小丑表演，而是学生主动参与并沉浸其中的创造性实践活动，是帮助学生收获学习过程中的思考之乐、发现之乐、收获之乐。好玩的最高层级是"柳暗花明又一村"之"顿悟"的愉悦，是"蓦然回首，那人却在灯火阑珊处"之"偶见"的欣喜。所有的好玩，都建立在深度思考和积极探究的基础之上。

好玩与世俗意义上的"苦学"并无冲突。所谓的"苦学"永远只能是局外人附加在学习上的一种错误认知，真正的学习者即使是头悬梁、锥刺股，也一定是乐在其中。任何时候，如果对学习充满了厌恶，骨子里深恶痛绝之，那么就算24小时从不停歇，也很难收获基本的知识，更不要说成为出类拔萃的人才。

教师的专业成长也是如此。但凡在教育领域中取得一定成绩的人，一定是善于在寻常教育教学工作中建构快乐的人，只是在局外人的眼中，这些快乐或许被定义为痛苦。

教师的快乐固然不排除获取应有的名利，但更多指向工作中的发现、感悟或者体验。

有些时候，教师的快乐很简单：上了一节精彩的课，写完一篇自己感觉满意的文章，阅读了一部好的作品，发现了一份优秀的作业，甚至只是上课途中遇到了几个朝气蓬勃的学生……

有些时候，教师的快乐又很复杂：能够依顺教育教学的客观规律处理教育教学中的各类问题，能够基于生命健康成长的需要而不是基于应试成绩的需要安排教育教学内容，能够以独立的、自由的、健康的价值认知带领学生亲近古今中外的优秀文化，能够摒弃各种非教育因素的干扰而集中精力钻研教育科学……

不论是简单还是复杂，真正值得关注的只是是否在工作中获得了成长。有人说，痛并快乐着。能够与快乐并驾齐驱的痛，绝不会是寻常意义的生理或心理上的悲伤体验，必然是精神上、思想上、情感上的寻觅与探究的衍生物。

第一节　为错误写一首诗

这是一条简约而温馨的问候，简简单单的五个字：浩民，你好吗？

信息应该来自小灵通，而这小灵通，从属于"0951"这个我不知道归属的"天涯海角"。

接到这条短信时，我正处于百无聊赖之中。

当会议进行到第 N 大点的第 H 点之第 X 小点时，这条短信精灵一样地穿过沉滞而凝涩的空气和无数低垂的脑袋，一下跳到了我的手机上。它用力摇晃着手机，连带着摇撼起周边沉睡的时空，让我在半清醒的状态中总算找到了些微的刺激。

于是，我边欣欣然掏出手机，边预测着该是哪位神仙知道我此刻很无聊，来解救我了。于是，我便和这个"浩民，你好吗"有了亲切的会见。

肯定有一丝微笑，从我的嘴角漾出，然后慢慢地爬过面颊，浸过眼睛，布满额头，最后弥漫向四面八方。因为我在这"你好吗"的问候声中，蓦然间就体察到一种柔柔的温馨，正通过每一个毛孔，由内而外地滋润着我的一切。

我是很好啊，可惜我不是浩民。这个浩民还真不错，或许是人在外地，却有朋友牵挂着。我在心里念叨着。

我该如何处理这条错发的短信呢？

一个不知年龄、不知身份、不知性别、不知地属的人，在那么遥远的地方，把这一声亲切的问候错发给了我。我是否有权利轻易地删除它，仅仅把这错来的信息，当成偶尔从眼前飘过的飞絮、从耳畔溢过的歌声？我知道我没有这样的资格，也不允许自己拥有这样的权利。

不是吗？这简简单单的"你好吗"中，谁能知道包含了多少有价值的信息呢？

一种可能，这是一对曾经共享过人生某个阶段的酸甜苦辣的挚友，比如同学，比如战友，现在却因为某些原因失去了联系。然而，就在这个中午，或者就在这条短信发出前的十分钟、五分钟、一分钟，突然有人对我们的主人公（发出这条短信的主人，姑且认为是位女士吧）说，你苦苦寻找多年的那个"浩民"，我知道他的手机号码！于是，我们的主人公怀揣着一种异样的激动，试探性地发出了这个用来再续往昔情谊的信息。

另一种可能，曾经朝夕相处的亲人或朋友，甚至情人，现在因为生活或学习而暂时离别了。在这初冬的傍晚，当温暖的夕阳余辉透过飘动的窗帘，静静地躺在办公桌上时，透过光束中浮动的微尘，我们的主人公心中突然地生出了一丝惦念、一缕柔情，于是，手便不由自主地拿起小灵通，把这故乡的问候传递给了远方的游子。

还有一种可能，曾经是海誓山盟的爱人，因为某种误会而最终走向了不同的人生轨道。当烟消云散之后的这个黄昏，我们的主人公带着一天奔波劳碌后的疲乏，回到了自己的家中。她操持完了家务，然后静静地坐在阳台的藤椅中，手中端着一杯清茶，遥望着天尽处的如海群山、如血残阳。此刻，突然有一种情怀，从潜藏在灵魂深处的某个角落爬上了心头，让她怀念起了曾经有过的那份美好、那份真纯。于是，我们的主人公从迷茫与痛楚中蓦然回首，想象着昔日曾经熟悉的那个人儿，此时此刻他在做些什么呢？他生活得还好吗？于是，想象着这声"你好吗"翻越千山万水，跑到他的身边，掸落时光散落的灰尘，把模糊的影像描摹得清晰起来。

我无法确认这短短的五个字中到底凝铸了何种情愫，但我决不能让这错发的信息在我这里成了断点。所以，我给她回复："抱歉，我希望我就是浩民，可惜我不是。为此我失去了一次收获祝福的机会。"我的本意只是告诉对方，你发错信息了，希望你把信息准确地发到浩民的手机上！

一会儿，那边又发来了信息：不好意思，把祝福同样带给你，祝你好运！

有一种温暖，一瞬间便流遍了全身。

我突然想到了一句很熟很俗的话——赠人玫瑰，手有余香。我把这信息错发的事儿告诉了对方，不过是举手之劳，然而，我便为此收获了她的真诚祝福。而我自己的心情，也因为这祝福而温馨起来。

人生确实就是如此，很多时候，不经意间的付出，或许就能给自己带来一份意外的快乐和幸福。比如擦肩而过时的一个微笑、十字路口的一个礼让、旅程中的一次搀扶、集体活动中的一个眼神。正是这些春花般纤小的举动，搭建起了做人与处世时的愉悦与感动。这种愉悦与感动，既来自自身的助人的过程，更来自从对方那儿收获的祝福与感谢。

这个小故事发生在2004年。故事中的事儿或许跟教师的专业发展毫无关联，但我还是想着将它转述于此，因为这份"错"出来的温馨，就算是过了将近20年，依旧存有一份悠长的韵味，它总是促使我尽量做一个精致的人、有温度的人。

我将这份温馨称为做人应有的善意。教师的教育生活中，绝大多数的快乐都建立在应有的善意的基础之上。一声问候，一份牵挂，一次会心而笑，一次精思妙悟，一次灵光闪动，一次举手之劳，或者干脆就是一个无厘头的错误……只要心中装着一份爱和善意，快乐便永远如影随形。

生活中，我属于不善于和人打交道的那类人，相较于口头表达，我的文字表达似乎更胜一筹。也正因为如此，我喜欢用文字和学生打交道，既用文字帮助学生解决各种各样的思想或心理问题，也用文字帮助学生修正一些不该发生的错误。

比如，一个孩子给我写信，感谢我在语文课上带给她的精妙感受。我便给她回一封长长的信，除了和她交流学习和生活问题，更告诉她：

你说你很感谢我。从教育的角度而言，我乐于接受这样的感谢，并非因为我做了什么，而是因为你懂得了感恩。……我希望我的所有学生都能永远怀揣感恩之心去对待生活，对待万物。我希望你们敬畏一切生命，希望你们敬重一切值得敬重的人，只有这样，你们才会看到世界的美好，才会感受到生命与生活的价值与乐趣。……

又一个孩子把信夹在作业里交给我，一千多字中诉说的，全部是分科后的不适应。我给她的回信，立足于鼓励：

从你的信中，我读出的是聪颖、善良、勤奋、不服输，当然，还有很好的才气。我说你聪颖，一是因为你有了苦恼，能够用日记的方式予以宣泄；二是因为你懂得寻找他人的帮助；三是因为你有很好的语文表达能力，你的文字表情达意十分精当。

我想，除了极少数特别聪颖的同学外，绝大多数同学都会遭遇到你所面对的种种烦恼的。刚刚分班，对老师、同学都有一个逐步适应的过程，对所选的理化两门学科，也存在一个突然加大了学习量后的不适应期。面对这些，绝大多数人，都如你一样，存在着苦闷、困惑甚至动摇，绝非只是你一个人需要尽快适应并战胜之。

……

高三冲刺阶段，班级半数以上学生出现不同程度的焦躁，我在开主题班会的同时，又给全班同学写了一封公开信：

孩子们，经过了半个学期的磨合，你们已经适应了高三的快节奏生活。尽管前程未卜，但希望的曙光已然在你们必将前行的路上焕发出万丈光芒，准备着迎接你们的到来。此时，你们会有美好的憧憬，有默默的期待，也会有焦灼的煎熬，有失落的苦痛。生活给予你们的，除了原来无穷无尽的题目之外，可能更多了一种心灵的焦躁和迷茫。

……

孩子们，未来无限精彩，通向精彩的路很多很多，但捷径只有一条，那就是学习。希望你们能够终身学习，不断超越自我，成为家庭和同事们引以为傲的人。

我就这样借助书信的帮助，一步步走进学生的心灵。他们用文字向我倾诉生活与学习的酸甜苦辣，我则用文字为他们修正对学习、对生活的各种误读，为其添加成长的养分，编织青春与生命的美好蓝图。

我喜欢写诗，会用诗歌给学生评判作文，会用诗歌写学生的操行评语。有时心血来潮，我也会用诗歌调侃我的学生，尤其是当他们违反了纪律之时。

我在一所乡村初中做教导主任时，有两个男生因为互叫诨号而打了起来。闹到办公室后，依旧斗鸡似的相互攻击着。我一边听着他俩在班主任面前唇枪舌剑地辩论，一边在大脑中思考如何才能更好地处理类似的纠纷。班主任将这两个孩子一通批评，责令每个人上交一份深刻的检查，然后要求两个人当场和解，握手并互致歉意。按理说，这事似乎就解决了，但我发现这俩男生心中并未服气，只是迫于班主任的威严而不得不接受这样的处理意见。因为我带这个班级的语文课，我便跟着他俩一起离开班主任的办公室，又顺便将他们请进我的办公室。我说："我刚才看你俩吵得很激烈，估计前面打得也很激烈，你们的战斗精神给了我灵感，我一人送你们一首诗歌吧。"我坐到办公桌前，将构思好的几句歪诗龙飞凤舞地写在一张草稿纸上，然后推到他们面前，让这俩人各自读一遍，然后齐读一遍，再一人一句读一遍，最后互换内容，一人一句再读一遍。我是这样写的：

叫你一声二蛋，我很开心／骂我一句黄鼠狼，你很得意／我开心是因为我叫你二蛋／你得意是因为你给了我还击／我的开心却如此短暂／你的还击像臭狗屎／脏了我，也脏了你／看来，我的开心也是臭狗屎／因为，我脏了你，也会脏了我自己

如果我叫你一声帅哥／你很开心，我也很开心／如果你叫我一声俊男／我很得意，你也会得意／让二蛋滚蛋，让黄鼠狼躲回洞里／我们不学黄鼠狼／不用难闻的恶臭／污了我们的身份／损了我们的姓名

这俩孩子几遍读下来，气全消了，也开始认识到自身的问题，互相作了检讨，保证以后相互尊重。

我却不愿就此放过这俩小子，抓住这两个典型，正好可以为全体学生

敲敲警钟。于是，我让这俩人将顺口溜拿回去，各自背熟，周末的主题班会上，请班主任安排他俩登台表演，达到教育全班学生的目的。我说，这不是惩罚，而是要你们用实际行动，消除因叫诨号而打架的不良影响。

那个周末的主题班会我全程参与。这两位以表演节目的方式作了检讨，全班学生笑翻了天。笑完后，班主任针对乱叫诨号的行为作出了若干规定，重申了班级管理中的各种规章制度。最后几分钟，我也就乱叫诨号的事情提出了要求，基本刹住了这股不良习气。

在我的日记本上，还有这样一首诗：

你不知道啊，老师／我真的很馋很馋／还很懒很懒／在金钱和美食面前／我处境艰难／我的内心，有十五只馋猫／管得了这一只／那一只又跑去偷嘴

我知道你呀，孩子／我也真的很馋很馋／还很懒很懒／在金钱和美食面前／我也处境艰难／我的内心，有一个做人的准则／不属于我的劳动成果／我都离他很远很远

这首小诗是我在县城中学做班主任时写的，当时班级中有一位女生，经常被其他同学举报私拿他人书包中的零花钱，但没有人在现场抓住过她。这样的行为一旦坐实，这个孩子被贴上"小偷"的标签，她的一生便大体上毁了。如何在不露声色中教育她呢？我依旧想到了我所擅长的"为错误写一首诗"，于是便写出上面这两段，并在班会课上安排学生朗诵。为了消除猜忌，我有意识地"随性"挑选参与朗诵的成员，有班级干部、普通学生，还有这个有不良习惯的孩子。学生们惟妙惟肖的表演，让绝大多数孩子既理解了小偷小摸毛病形成的原因，也明白了战胜这种坏习性的方法。至于这个孩子，我当然不奢望用一首诗就完全矫正她的不良习性，我采用了堵住源头的方法辅助治疗，一是督促所有学生不将零花钱放在书包或者抽屉中，二是课间操或者体育课时安排专人锁门。多管齐下之后，不再有学生举报她私拿他人零花钱了。

我作的类似的歪诗还有不少，当然不全是因为错误和批评，也有表

扬。对于做了好人好事的学生，我喜欢用夸张的手法放大他们的闪光点，让学生们在开怀大笑中接受正面的教育。比如，学生王峰主动帮他人做值日，我就这样表扬他：

我班有大侠，只身斗垃圾。/扫帚挥动处，污垢无踪迹。/但求美德生，何惧脏我衣。/来日扫天下，王峰能第一。

我做这些时，其实就是在践行我所主张的"好玩"。我以为，教育也是可以在"好玩"中达成目标的，不一定非要板起面孔说事儿。用这样的方法帮助学生纠正各种错误，或者弘扬某种品德，为师者本身收获的必然是一种创造性工作的快乐。这便是有滋有味做教师。

第二节　点亮自我手中的蜡烛

我做班主任时，策划过一个"点亮手中的蜡烛"的主题班会，要求每人从自己身上提炼出三条优点。班会正式举行的前三天，一个成绩始终倒数、其他表现也平平的男生向我申请免于发言。他说自己除了劳动比较积极之外，实在找不到其他优点。我没同意他的申请，只是叮嘱他好好盘点一下自己的优点。我说："不要只将眼光盯在学习成绩这一个点上，还要看到自己的品德，看到自己的长处。如果到下周一你还发现不了自己的优点，老师特许你不发言，如何？"

此后三天，他没有再找我。班会举行时，轮到他发言，他颇有点扭捏地走上讲台，略作沉默后，他说："我虽然成绩不好，也经常做些违反纪律的事，但每次老师批评我时，我都能够认真听老师的教育，从不跟老师顶嘴；我热爱劳动，打扫卫生时，从不怕苦怕脏；我现在只能找到这两条优点，我一定争取下次班会时，能够找到四条优点，我把这一条，当作我的第三条优点。"

这段话，他说得很流畅。可以想象，他一定在心中默默地演说过无数次。

他的发言，赢得了一阵热烈的掌声。他很有礼貌地鞠躬答谢，准备走回座位。

我拦住了他，我说："你的发言，让我很感动。一是感动于你的淳朴，二是感动于你的第三条优点。你的优点，我相信绝不止这三条。比如，刚才你鞠躬答谢同学们的掌声，就是一种有教养的表现。当然，你学习基础差，考试成绩不理想，但这都可以在未来的学习中一步步追赶上去。我相信，只要你愿意不断发扬自身的优点，不断赢得其他同学的尊敬和帮助，就一定能够将现在的三条优点发展为十条、几十条，甚至更多。让我们再次用掌声，向你表达我们的期望和祝福！"

他显然也很激动，眼中竟有泪花闪动。

班会继续。我留心着他的表现，看得出，他听得特别用心。

这事转眼已过去20多年，至今依旧印象深刻。这个孩子，后来的学习成绩并未有特别大的提升，毕业后便去参军，转业后进入公安系统。一次，他在大街上遇到我，激动万分。他说，他多次到学校找过我，但我调走了。他一直想要感谢我，是那节班会课给了他自信和力量。他现在生活得很好，在单位里人缘也好。他说："老师，你说的那蜡烛，我到现在都点亮着呢。我虽然没有考取大学，没能给你争光，但我很快乐。"

他的话，让我十分欣慰。20多年后，当我坐在电脑前，准备以"生命教育"为主题写作一篇文章时，大脑中第一个出现的竟然是他。我想，生命教育的本质，不在于借助各种说教方式教育学生珍爱生命，而在于想方设法激活学生的成长欲望和生命潜能，使其自主确立切实可行的人生目标，养成朝向目标奋力前行的坚韧品德。拥有这样的成长内驱力的人，何愁其不懂得珍惜生命？

如何才能"激活"学生的生命内驱力呢？无外乎"心、境、情、悟"四字。

以"心"为缰，使生命在约束中成长

孟子曰："心之官则思，思则得之，不思则不得也。"一切教育手段只有在被教育者"生命在场"的基础上，才能有效发挥其感染、激活、点亮等功能，若是"心不在焉"，则无法形成真正的生命认知或生命体验。

日常教育活动中，生命教育是一项极容易流于形式的实践性行为。问题的症结多在于"无心"。大多数情况是教育者"有心"而受教育者"无心"，少数情况则体现为教育者和受教育者均"无心"。"无心"，不是说对生命教育毫不关心，而是指缺乏内在的自我省察意识，缺乏在灵魂深处建构自我生命大厦的技能、情感，以及使命、担当。

从古至今，轻视自身生命或者他人生命的行为均不鲜见。一种人，恃强凌弱，视他人鲜活生命如草芥；另一种人，动辄铤而走险，以"脑袋掉了碗大的疤，二十年后又是一条好汉"的虚妄，拿卑贱之躯换非分之利；还有一种人，以自己生命作为要挟他人的手段，用彻底的无赖将生命折腾成令人生厌的垃圾场；亦有一种人，承受不住些微挫折，一点点的人生小波澜便能够掀翻其生命之舟。凡此种种，皆可谓之丢失了"心"的缰绳，致使生命缺乏必要的约束，无法向正确的道路健康前行。

生命需要经营，非但需要通过体育锻炼强健物质的身心，而且需要通过适宜的教育强健精神的身心，两相比较，后者更显重要。

在教育活动中，强健精神身心的方法或许多种多样，但无论何种方法，根本的目的都在于先"心动"再"行动"，最终成为一种生命的"自觉"。从"心动"的外力作用而言，阅读或许是最佳的动力源。一个阅读着李白、杜甫、韩愈、王安石、苏轼、史铁生、刘亮程的文字而一点点长大的青年，其生命中自然会多几分坚韧和坦荡。当然，必须选择有韧劲的作者或者有韧劲的作品阅读，远离充斥暴力、色情以及各种灰暗心理的文字。

"心动"的另一个外部动力源是组织活动，只是，所有的活动必须尽量剥离生硬的灌输，代之以"心"的自主察觉和主动感悟。比如，绝大多数学校都组织学生开展过交通安全宣传活动和禁毒征文活动，但大多数学生并不觉得这两类宣传教育和自身有何关系。如果将简单的数字统计和平面化的图片宣传转换为纪录片放映，用不加修饰的惨景给予学生视觉的刺激和灵魂的震撼，便可以促使很多人思考交通安全和远离毒品的价值。

"心动"的最大内驱力来自高远的理想。文天祥在《指南录后序》中言："予分当引决，然而隐忍以行。昔人云：'将以有为也。'"这句话可视作生命教育的经典。毁家纾难的文天祥历经千辛万苦、承受各种折磨却绝不放弃生命，就因为他的心中装着大宋的万里河山，灵魂中装着神圣使命。一个人只要在内心深处确立起一个大境界、大追求，便能够在遭遇各种非人折磨时，依旧用"天将降大任于斯人也，必先苦其心志，劳其筋骨，饿其体肤，空乏其身，行拂乱其所为"作为疗伤圣药。想一想，现实人生中的悲观厌世者、草菅人命者、好勇斗狠者，有几个人持有家国天下的远大抱负？由此可见，理想教育是生命教育中绕不过去的一座山，引导学生确立宏大的理想追求，是学校生命教育课之必须。

生命教育之"心"有多大，生命的时空便有多大。

以"境"为场，任生命在"自在"中奔跑

所有的教育，都离不开特定的情境。生命教育，更需注重教育过程中的"造境"。

校会、年级会、主题班会，以及其他各种形式的主题教育活动，都属于教育者为了实现教育目的而刻意创设的教育情境。不过，以会议、讲座、报告等形式打造的生命教育情境往往过于生硬，效果大多欠佳。

理想的生命教育情境，在于营造特定的活动场域，让受教育者以主人的身份在其中"自在"地嬉戏奔跑。此种场域，应该如幼儿园中的小沙坑，无需规定必须在沙坑中做些什么，只要能够满足儿童的自主创作的乐趣。

在各类学校中，生命教育的"小沙坑"本应随处可见。比如，把图书馆的大门敞开，把运动场的栏杆移走，把诸多有违教育规律的规章制度废除，把课堂思考与活动的主动权还给学生，大幅度减少过多的考试、过多的作业，大胆开展形式多样的读书活动、演讲活动、参观活动、游学活动……如果能够这样，则过重的学业负担减除了，没有了分数排名的焦虑，没有了长久的睡眠不足，没有了身心的亚健康，生命教育又何愁无法落实？

可惜的是，总有一些学校不乐意"小沙坑"存在。他们也有"小沙坑"，但只在上级部门检查时才允许使用，而且还规定必须做什么样的"游戏"，甚至一遍遍地"彩排"这个"游戏"。其余的时间，为了集中一切力量应试，则用各种封条把各种"小沙坑"封闭起来。课外书不许读，游学不准搞，每周一大考、每天一小考，天天用分数排名刺激学生的神经，使其为了一两个名次的变化而忧心忡忡、焦虑万分。此外，还要抓抬头率，抓打瞌睡，抓男女生"非正常交往"，抓一日三餐之后的迅速入静，抓晚自修后宿舍中的快速就寝……这些被标榜为"精致化管理"的各类招

数,出发点就是要让学生成为学习流水线上的同一型号的产品,又从何处寻觅生命教育的踪迹?

很多年前,叶圣陶先生就发出"教育是农业"的呼吁,倡导顺应生长规律的精耕细作,让不同的庄稼依照不同的方式成长为最好的自己。生命教育同样是"农业",每一个学生都是一粒良种。教育者需要做的,是依农时播下种子,为其提供阳光、空气、水、肥料和管理,至于生长,就是种子自己的事。总想着用自己的方式监督着各种种子都成长为同等高大粗壮的参天乔木,不是对种子的生命的应有尊重,而是一种戕害。

或许,从没有一种生命教育方式堪称最美好,但一定有一些打着"生命教育"旗号的行为,其结果恰恰是侵害教育、摧残生命。

生命教育之境,不是奥林匹克竞技场,而是长满了野草、开满了野花的原野。

以"情"为烛,让生命在理想中闪亮

语文、英语、政治、历史、地理、音乐、美术等学科都蕴藏着极为丰厚的生命教育资源,这些资源倘若应用恰当,皆可转化为师生生命成长的重要养分。遗憾的是,很多人置身宝山却时常收获了了,宁愿将注意力锁定在命题方式和答题技巧之上,不愿意与文本中的生命"共情",更缺乏以文本之"情"为烛,燃烧起生命感知的火焰,让生命在理想的人生境界中闪亮的教育技能。

下面这段文字,是一位学生学完屠格涅夫的散文《呱……呱……》后在随笔中写下的感悟:

原本以为今天的课会是一节轻松活泼的课,可事实令我惊讶,这竟然是令人无限感慨、无比压抑的一节课。看着那一个个生命的黯然飘落,我的心情无比沉重,眼泪在眼眶中打转。于是,我忍不住想写首小诗,送给如今已获"自由"的他们:

幼草遇着狂风 / 它从不低头 / 白杨树身处恶境 / 它依然挺立 / 腊梅遇到

凛冽／它依旧不屈不挠……

纸破了／那或许是画中的独韵／烟散了，等风停了／还可以汇聚／人啊，遭受挫折，心情郁闷／等时间久了，心定了／一样可以平静

不要选择最愚蠢的方式／不要做出愚蠢的事情／生命，多么珍贵的两个字／不要狭隘地看待世界／不要悲观地对待人生

不要以为抛弃了生命／就等于获得了自由／抛弃了生命／你就是罪犯／你犯了伤害罪／不仅伤害了你自己／还有爱你的人

朋友，我深情地呼吁／多一些开心，少一些烦恼／多一些快乐，少一些悲伤／多一些乐观，少一些悲痛／多一些沉着，少一些冲动

善待人生吧／珍惜生命吧／用你智慧的双眼／看待明天／相信未来

《呱……呱……》是一篇言辞浅近的散文，字面上的意义一眼可知："我"滋生出自杀的念头，并在一个傍晚付诸行动，结果听到了远方传来的婴儿的啼哭声，继而看到了一个年轻母亲给婴儿喂奶的景象，由此感悟到了生命的意义，放弃了自杀的念头。这显然是一个绝好的生命教育素材，教师只要能够创设出适宜的对话情境，便能够以文本内容为引子，引发对生命价值的多层次思考。

我在教授这篇课文时，采用了深度对话和多层拓展相结合的方法，努力从熟悉处挖掘陌生化的问题，推动着学生把思考往纵深处延展。那节课后，几乎所有学生都写了学习感悟，或深或浅地谈了自身对生命的新认知。我以为，这样的生命教育是成功的。

在珍爱肉体生命之外，借助各种学习资源培养学生的责任意识，使其乐意于植根使命担当而思考人生，也是生命教育的重要内容。比如，从韩愈的《师说》中提炼古代知识分子"虽千万人吾往矣"的价值诉求，从苏轼的《定风波》中品味逆境人生应有的"一蓑烟雨任平生"的豁达情怀，从史铁生的《我与地坛》中感悟"死是一件不必急于求成的事"的生命觉解，从林清玄的《可以预约的雪》中认识生命里的"常"与"变"，并因而生起悯恕之心，对生命的恒常有祝福之念，对生命的变化有宽容之心……这样的文章、这样的课堂、这样的思考与探究，汇集在一起便是生

命教育。

生命教育之"情",汇涓涓细流而成江河,让灵魂丰盈润泽。

以"悟"为镜,促生命在思考中升华

对生命的体察与感悟,主要来自个体的人生觉解。个体学养丰厚,对生活思考得透彻,其生命往往更具韧劲。反之,未曾经历人生的风风雨雨,亦未见识过外部的广阔世界,眼界与胸怀都逼仄如针尖,其生命便难免在高度、宽度、深度、温度等各方面都有缺陷。

中小学生恰恰属于眼界与胸怀都相对狭隘的群体,其对生命的认知,或许还停留在动画片里被火车碾压成一张画却依然能够恢复如初的错觉中。也正因为如此,近些年间,中小学生自杀的比例居高不下,稍遇挫折便跳楼殒命的事年年发生。据报载,有的孩子自杀的动因,竟然只是为了让父母难受。

西哲曾言:"未曾长夜痛哭者,不足与语人生。"生命教育要破解的难题,恰恰在于引导无数个不曾经历长夜哭泣的少年感悟人生的艰难,体察生命的可贵。要实现这样的教育目标,唯有将所有的外力转换为内在的动力,用主动思考拓宽生命的空间。毕竟,人生的经验都是悟出来的。

禅宗追求顿悟,文学创作追求妙悟。与之相比,生命教育中的"悟"更多依赖于教育者创设的教育情境,必须建立在巧妙"激活"的基础之上。而且,生命教育之"悟",从无一蹴而就的可能性,只能是聚细微而成辽阔。

生命教育中的"悟",主阵地是课堂。课堂中总有一些稍纵即逝的教育机缘,被教师轻率地一带而过,未能用思想的碰撞擦出情感的火花。比如,面对屈原、岳飞、文天祥这些前贤,很多教师只是告诉学生,这些人都具有忠君爱国的性格特征。极少有教师组织学生思考:屈原们所忠于的,真的是那昏庸无能的君王?当学生们能够透过若干表象而发现屈原们其实更多的是忠于内心的道德操守、忠于追求一生的崇高理想时,他们从前人身上"悟"出的生命价值,便绝不是愚妄地效忠,而是主动地追求、竭尽全力地奋斗。也只有如此，才会对屈原们"虽九死其犹未悔"的高尚人格心生敬仰，并在此后的人生中以之为楷模。

"悟"的另一个重要阵地是生活。生活从不会只向未成年人"报之以歌"，而是公平地向其分担一切风霜雨雪。一名学生的母亲不幸病逝，很长时间，这名学生无法走出那片阴影。对这样的孩子而言，生命教育就不再是如何珍爱生命，而是如何理性对待生老病死，如何"更好地活"。面对这名学生，身为教师的我们能够做的，就是利用各种机会帮助她"悟"人生。

就像没有人能够代替另一个人成长一样，也没有一个教师、一对父母能够代替了孩子参悟人生。归根结底，"悟"不过是一面镜子，映照出的只是观镜者自身的喜怒哀乐。要想让镜子里呈现的景象始终充满光明，唯一的办法是点亮观镜者手中的蜡烛，照亮外部空间，更照亮内在的灵魂。

生命教育之"悟"，悟人生四季不同景象，悟高尚灵魂恒久追求。

第三节　用"傻、笨"夯实成长基础

在崇尚"精致""效率"之人的眼中，类似于上文中的写点诗歌教育学生、愉悦自身的行为，肯定不属于聪明之举。至于从一条短消息中生发细腻的感触，更是典型的小资情调。

为数不少的教育工作者并不欣赏工作或者生活中的细腻与敏感，宁愿效仿《倚天屠龙记》中的灭绝师太，用斩断一切情感的极端方式，将学生与自身的思想统一到应试这一个目标上。

我对此种"精致"一向持否认态度。我始终认为，既然教育的至高境界是"好玩"，那么达成"好玩"境界的路径与行为必然充满了各种情趣。这些情趣固然离不开宏大的价值诉求和扎实的学养积淀，也必然包含每一位成长者的极具个性的小情调、小爱好、小秉性。仅从教师成长这一角度而言，"傻、笨"便是这些小情调、小爱好、小秉性的行为标签。

"傻"是什么？

有人自费购买摄像器材，把自己的每一节课都录下来，课后反复观看，一点点修正教学中的各种瑕疵。这便是"傻"。

有人日常生活中无比节俭，每个假期却都自费参加一些高规格的培训活动，想方设法和天南海北的名师交朋友。这也是"傻"。

有人永远不清楚学校发放的绩效工资是多还是少，更不清楚其是否合理，却对所教学科的课程改革如数家珍。这还是"傻"。

有人什么样的活难做便选这样的活、什么样的班级难带便带这样的班级，压根不在意为此而受损的奖金和名誉。这亦是"傻"。

有人谢绝一切有偿补课，却将大多数的休息日奉献给教育公益，为帮助教育欠发达地区培育师资而奔波劳碌。这依旧是"傻"。

有人辞掉一切行政职务，只愿以一名普通教师的身份安安静静地守在校园中，认认真真地上好每一节课。这仍然是"傻"。

……

在教师的专业成长中，或许每个人的"傻"都带有鲜明的个性化色彩，但将这些"傻"汇聚起来，才能构成蓝天白云下的一片无际的湖泊。在这片湖泊中，优秀的教师云淡风轻地存在着，成长着，成就着教育教学的精致，丰盈着生活、生命的情趣。

并没有任何外部力量逼迫着这些教师做这样的"傻"事，支撑这些"傻"行为的是他们的责任心，是他们对待任何事情都努力追求完美的价值观。此种貌似"自虐"的行为，彰显的恰恰是所有优秀教师恒常的生命特质。

我一直认为，要成为一名真正优秀的教师，必然离不开一点儿"傻气"。唯有"傻"一点儿，才不会终日琢磨那些不该琢磨的事情；才不会依仗一份小聪明而舍弃了专业阅读、专业实践和专业写作；才不会习惯于在大脑中安装一个轴承，总是跟着某种外部强势力量转圈儿；才会在眼花缭乱的变化中死守一点儿自己的价值理念。当然，我这样的观点，只有"傻"教师才会认同，聪明人只会嗤之以鼻。

我在自身的专业成长过程中，也做过不少的"傻"事。我在工作五年之后才想着把每一节课都上出不一样的味道，为了实现这个目标，我托关系把县教师进修学校仅有的几盘语文学科教学的录像带借过来，借用学校的录像机一遍遍观看名师的录像课，用笔把他们在课堂上说的每一句话、每一个字都记录下来，反复琢磨其起承转合的话语。后来到各地参加教学观摩活动，我也是运笔如飞，把每位授课教师在课堂上提出的问题尽可能详尽地做成实录，回到工作岗位后便想方设法应用到自己的课堂上。我以为，我所下的这份"傻"功夫，铸就了我后来语文教学中课堂衔接过渡的基本功。

现实的教育教学工作中，我看过太多的极为聪明的年轻教师在经历了从业之初的精彩绽放后，仅三五年时间便"泯然众人矣"。也看过不少的"傻"老师，四五十岁才把自己的教学之车开到了成长的高速公路上。好在这些"傻"老师一旦进入高速公路，便撒了欢地朝向明亮的前方狂奔，也便在并不漫长的时间内，把无数的聪明人抛在了身后。

聪明人自然是要将聪明进行到底的，"傻瓜"也不妨就将"傻"进行到底。在"傻"中失去，在"傻"中获得。或许，在教师专业发展的道路上，最终的胜利者，就是"傻傻的你"。

幸运的是，在当下的教育环境中，类似的"傻"教师越来越多。

2016年夏日，38度的高温，我就和一大群"傻"教师共同参与过一个名为"新教育星火教师项目"的集中研修活动。在那次活动中，我写了下面这首诗：

有一群"傻瓜"/在38度的蒸烤中/用380度的恋爱/攒聚，让依稀的梦/贴上一个共同的标签

也许，岁月曾经苍老过/成长的记忆/白发丛生，灵魂/却在每一个夜幕中/为虚无寻觅药方

长路漫漫/踽踽独行/梦却始终在前方呼唤/用点点星火/映照出一份/微明的希望，有我/有你

于是，"傻瓜"诞生/从洱海的波涛声中/从古老的青铜器上/从三湘之地/天府之国/如雨后春笋

于是，"傻瓜们"蠢蠢而动/从物欲的密林里/辟出一条铺花的路/路旁，满是文字/诠释着那个/称为理想的/宠物

返老还童的奇迹/开始降临/50岁的少年/在追梦的路上/满目惊喜

专业阅读/专业写作/在文化的快车道上/让每一个日子/锻造成钢筋铁骨的/腰杆

"傻瓜们"的脚步/开始惊醒沉睡者的酣梦/当异样的目光袭来/"傻瓜"无知无觉/只在路上/奋力向前

也许，收获的时节/尚在遥远的那方/明亮，擦星星的人群中/"傻瓜们"拿着抹布和水桶/欣然劳作

晨诵，用美丽开启一天的大门/午读，与高尚的灵魂/作长久的恳谈/摒弃了一切繁琐平庸/只为了/远方，诗，连同/不甘寂寞的/"傻瓜"的心

这个新教育星火教师项目由十余位特级教师和三十余位青年教师构成。特级教师们在担任导师、开设示范课或主题讲座、日常解答青年教师的各类教育教学问题、帮助青年教师修改论文的若干年间没有一分钱的报酬，完全是公益性付出。这样的人，"傻"且可爱着。

"笨"又是什么？

有人明知道教材中的有些内容不在中高考的范围之内，却因为这些内容对于学生的生命成长具有较大的开启价值，便宁愿挨批评，也要完成这些教学任务。这便是"笨"。

有人在教育教研过程中认死理儿，听了一节不满意的课，便宁愿得罪人也要提出批评的意见，申诉自己的观点，绝不因为人情与颜面而说套话、空话。这也是"笨"。

有人在事关自身利益的职称晋级、评优评先等活动中绝不拉帮结派，只愿意不断丰富自身的各种成绩，希望用实力证明自身。这亦是"笨"。

有人为了验证教学中的一个疑问，宁愿利用课余时间翻阅数十本书寻找证据，也不愿意将教辅材料中的"标准答案"直接复制给自己的学生。这还是"笨"。

有人将应对教学检查的教案、读书笔记、教学反思、工作总结全部当作一件值得花大力气去思考并落实的工作，绝不愿意像大多数人那样，从网络上直接下载他人的文字抵充任务。这依旧是"笨"。

当然还有很多的人不懂得利用有地位的家长为自己谋取利益，不懂得依照某些管理者的意愿而是依照教育教学规律去开展各类活动，不懂得用学生充当自身获取名利的台阶……这些同样属于"笨"。

"笨"老师在现实的名利面前总是弱者，好在"笨"老师往往也是"傻"老师，也就认识不到自己的弱者身份，只知道一门心思钻研教育教学的若干本真性问题。"笨"老师在钻研教材、探究教法学法上最舍得浪费大把大把的时间。聪明人忙着经营自身的各种利益时，"笨"老师往往大脑中想着的始终是如何让教育教学更切合应有的规律，如何帮助学生更健康地发展。

通常情况下，"笨"老师都坐得了冷板凳，愿意在知识积淀和教学能力提升两方面下苦功夫。因为"笨",便从不自以为聪明,不想着走捷径;只想着日积月累,聚沙成塔。"笨"老师往往会被聪明人贴上"不成熟"的标签,因为"笨"老师缺乏审时度势的能力,偏好于"咬定青山不放松"。

想到"笨"老师,便会想起《射雕英雄传》中的郭靖。郭靖能够最终成为华山论剑的绝顶高手,秘籍恰恰就是他的"笨"与"傻"。聪明如杨康那般的人,时刻关注着自身的利益,便不会将为国为民视作己任,也就注定不能成为真正的"侠之大者"。唯有如郭靖那样,重义而轻利,将人间正道视作比生命更重要的责任与义务,才能放得下诸多的名利负担,一门心思做该做的事。

想到"笨"老师,还会想起晚清重臣曾国藩。曾国藩以一介儒生而起兵,"凡枪炮刀锚之模式,帆樯桨橹之位置,无不躬自演试,殚竭思力"。曾国藩崇尚"守拙",不相信任何一种能够四两拨千斤的取巧的事情。其行军作战,结硬寨,打"呆"仗,不被对手牵着走,只依照自己的逻辑认真做事。其为人与做学问,清心寡欲,严谨扎实,绝不做投机取巧之事。曾国藩正是凭借这份独特的"呆"与"笨",在乱世之中一步步向成功迈进,最终成为了不起的政治家、战略家,在政治、军事、文化、经济等多个领域取得杰出成就。

身为教师的我们当然不可能像他们那样在金戈铁马中建功立业,但我们有我们的疆场,有我们的战斗,我们同样需要学会结硬寨、打"呆"仗,同样需要用"傻、笨、呆、痴"来筑牢我们的思想防线,夯实我们的行动能力。

写到这里时,我想起了自己在2021年1月3日新教育星火教师项目迎新年活动中撰写的《新年寄语》。我把这篇短文附在下面,我觉得它对所有成长中的教师都会有一定的启迪:

360多天前,我们曾满怀喜悦地迎候那个充满爱意的2020年。我们以为,2020年一定如这四个数字昭示的那样,会给予每一个人最大的幸福和快乐。然而,造化弄人,这360多天中,我们更多地陷入一种紧张与焦虑之中，为各种各样的问题揪心。

现在，又一个新的一年如期而至，我们又可以满怀希望地憧憬未来。我们心中的爱依旧，梦依旧，热情依旧，像我们当初的启程。

我们就这样一边憧憬，一边实践，一边磕磕碰碰中向前。从蹒跚起步，到脚步铿锵，再到硕果累累。我们开始发表第一篇论文，获得第一个竞赛大奖，在大型公开课的舞台上展现风采。有的人获得了马云乡村教师奖，有人开始冲刺特级教师，有人获得了正高级教师职称。

然而，我们也不得不承认，在经历了最初的兴奋和沸腾之后，在收获了一个又一个成功之后，在写了一千多篇随笔、读了数十部甚至数百部专业著作之后，大家会不可避免地进入专业发展的一个瓶颈期。尤其是在小范围内有了名气，甚至可以说是一定行政区域内功成名就之后，接下来的路该如何走，成了很多人必须直面的一个难题。

我们必须承认，在教育教学的道路上，没有爱便没有动力，只有爱也无法持久收获成功。当我们对新教育有了较为丰富的认知，对教育教学有了相对清晰的理解之后，我们便需要真正走进语文课程的内核之中，深入钻研语文学科教学的内在规律，力求成长为语文教学的真正行家。

当下，新一轮课程改革已全面展开，整本书阅读教学、任务群阅读教学、核心素养等等，每一项都是一扇新开的窗。倘若我们不能顺应这次改革，而是死守着既往的经验，沉溺在已有的路径和方法之中，则我们视作看家法宝的那些东西，就不但不会成为我们骄傲的资本，反而会成为我们前进的沉重包袱。

现在，我们该如何突破惯性，发出新的光芒呢？

第一，我们需要修正我们的研究方向，一是要大量阅读整本书阅读教学和任务群教学的相关理论，并带着思考去实践这些理论。必须注意，只跟随着某一个名师亦步亦趋地前行，或许可以少走弯路，也或许恰恰会走向更大的误区。

第二，我们需要更加合理地规划我们的专业成长路径，尤其是教育随笔的写作。我们已经写了五年，倘若不作一定范围内的变革，就很容易陷入简单重复的窠臼之中。我们总是教育学生，只做题目是无法真正进入学习状态的。我们也应该思考，总是记录个性化的、小我的工作琐事，同样无法真正进入思想的拔节状态。新的一年，我们需要让专业写作真正专业起来，要懂得抓教学中的热点，懂得研究真正的教学问题。

第三，我们需要勇于尝试，勇于承担失败的痛苦。很多时候，我们畏惧失败，为了不遭遇失败，便不愿意主动探索。这显然不利于我们的成长。教学需要艰辛探索，只有静得下心来，耐得住寂寞，才能为未来的一飞冲天蓄积足够的力量。

第四，我们需要确立更为高远的人生目标。身为教师，只要我们的追逐和炫耀，能够给学生更大的启发，给他人一定量的幸福，给自己更好的发展动力，我们就不必故作清高，不妨追名逐利，不妨炫耀自己的才华和学养。

我一直认为，优秀教师必须"傻"一点，"笨"一点。这个"傻"与"笨"，指向人际关系中的不必圆滑，指向名利追求中的不侵害他人。在教育的路上，我们需要学习曾国藩的结硬寨、打"呆"仗，而不是想方设法走捷径。

今天，是2021年的第三天。这三天，和以往的任何三天别无二样，依旧是太阳东升西落，依旧是吃饭睡觉读书码字。但这三天又和以往的任何三天截然不同。因为这三天以前从未降临过这个世界，因为这三天会让我们静下心来反思过去、憧憬未来。

未来已来，过去已去。我们始终追求教学中的"让学习真正发生"，今天便该追求我们专业成长中的"让学习真正发生"。我们不能自欺，不能只是看起来很努力很优秀。我相信，只要每一个星火都真的找出一块新抹布，真的带着这抹布和水桶上路，去擦掉遮蔽在自己这颗星上的各种灰尘，去为自己的这颗星注入新的能量，修正新的轨迹，明年的这个时候，我们坐在一起盘点这一年的收获时，就一定能够用更多的惊喜奉献给我们这个团队，奉献给我们的教育，奉献给我们的时代。

我亲爱的读者朋友，你从这篇《新年寄语》中品味到了什么？我写这篇短文，其实就是想告诉"星火教师"们几个事实：不要相信未来一定无限美好，不要被已经取得的点滴成绩遮蔽双眼，不要丧失思考与行动，唯有让自己保持"傻"与"笨"的品质，在教育教学的路上结硬寨、打"呆"仗，才能最终收获真正的成功。

第四节　在寻常处发现教育的风景

2021年暑假，以志愿者身份在某城中村路口值守时，遇一骑三轮的老者，无健康码和行程码，亦未携带身份证，却想要从执勤点通过。问之是不是村中住户，回答"不是"，说是以前没有来过这儿，便骑车过来看一看。老者进一步介绍说，住在一个地方，总要将这个地方的角角落落都看一看，不然怎么对得起这个缘分呢？

我虽因疫情防控的缘故而将老者劝返，心中却对他那份老而弥坚的好奇心生出敬意。当一个人将住在一个地方都视作一种难得的缘分时，他的人生一定会充满发现的惊喜。

于是便联想到了教育，联想到身处教育之中的教师群体。我们每天都要面对的教材和学生，不也正是我们"居住"的"城市"或者"乡村"吗？很多时候，我们以为对它十分熟悉，熟悉到眼中全无风景的程度。而事实却是，始终有一些未曾抵达的街道、小巷或者郊野，存在于我们的认知之外。

形成"误判"的原因，或许就是老者所说的"缘分"。因为没有将自身与所从事的教育"结缘"，便难免游离于这份事业之外，只以过客的身份做一些走马观花的事。唯有真正的结缘者，才会以欣赏和研究的态度，走进这份事业的各个角落，去发现美好或者解决问题。

如果我们以该老者的心态与行为对待我们从事的教育教学工作，则每天迎候着我们的，便是无处不在的教育风景。

（一）

最常见的教育风景，当然在每天都必然面对的学生中。只要拥有一双善于发现的眼睛、一颗乐于体验美好的心，便随处可收获快乐。

比如，课前提早几分钟进入教室，听男生引吭高歌，看女生窃窃私语，人声鼎沸中，青春的无限活力，便会一览无余地呈现于眼前。如此风景，又怎能不勾起我对已然逝去的青春岁月的美好回想？于是，便可发现，那高歌者未尝不是昔日的自己，那吃零食者或许正是曾经心仪的女生。岁月不过是张可以复印的照片，学生们当下的快乐，正是自身年轻岁月的复制品。如此，又怎么会因这喧闹而大动肝火？

再如，课上有孩子偷偷地阅读杂志。那张青春的脸，一半写着担忧，一半写着渴望。边讲课边踱过去，手指轻叩课桌，脚步继续前行。那孩子的脸红晕顿生，我却权当啥也没有发生，依旧抑扬顿挫地讲着课文。此时，心中便有一个小小的幽默诞生——这孩子不愧是我的学生，咋和我读高中时一个德行呢？

有孩子厌学？有男生打架？有女生小心眼儿？有家长蛮不讲理？这种种存在，何尝不是校园中一道独特的风景？我的工作，尚未沦落到只为饭碗而劳碌的境地，又何必将心挂靠于别人的态度。

我只为身心的快乐而工作，我用我的双眼，竭尽全力地捕捉别人忽视的那些乐趣。所以，我很乐意接受别人的各种封赠：傻瓜、狂徒、独行侠、受虐狂……只要我的心，能够在工作中获得足够的幸福。

日常教学中那些灵光一闪的瞬间，同样构成我们记忆深处的恒常风景。

在一所学校上示范课，提问一个学生时，只看见这孩子的双唇高频率地颤动，却始终听不到清亮的声音，便眼含鼓励的微笑静静地等待，等待这朵花的开放。那时，我知道，这是一个绝好的展示我的教学耐心的机会。这样的机会，许多名师都在他们的展示课上演绎着，收获着评课者持久的好评。

那一刻漫长如极夜。孩子那颤动的双唇，以更高的频率运动着，却始终没有一丝光亮划过我的希望。我的内心开始焦躁，积习却依旧让我保持着鼓励的微笑。

偌大的阶梯教室里，几十位学生与几十位听课教师的眼睛，全部聚焦在我和这孩子身上。怎么办？大脑中的储存器开始超高速运转起来，5秒钟内，便将20多年来听过看过研究过的无数名师的无数教学机智案例从C盘一直搜索到F盘。名师们似乎都是最终等来了花开的，继续眼含微笑静静等候？可这课并不是为这一个孩子而开设的啊。

几近绝望。真想自找台阶，说两句诸如"还没有想好这个问题吗？坐下再想一想，先听听同学们怎么说，一会儿再说，好吗？"之类的场面话，当然，说话时的微笑应该更亲切，还应有一个用手轻拍孩子肩膀表示宽容和安抚的动作。

准备放弃等待时，一丝灵光突然迸出来：为什么不让这孩子到黑板上去写呢？口讷的孩子，心并不讷，写出来不是一样吗？立刻在继续保持亲切微笑的同时，俯身靠近孩子："你愿不愿意把你想说的内容写到黑板上？"

那孩子当然愿意，双唇立刻沉静下来。他很自信地走上讲台，去写他大脑中的那个憋屈了很久的答案。

看着他工整的板书，我如释重负，心中漾出一丝浅浅的快乐，为了这个改说为写的变通。

浅薄吗？或许！但我却极愿追求这样的小小的快乐。不是为别人，只是为自己，为自己教学中发现和创造的享受。

（二）

至于日常工作中的备课与授课，更是一条通往绝美风景的必由之路。在这条路上，任何一位有追求的教师，都必然经历"山重水复疑无路"之痛，又必然收获"柳暗花明又一村"之乐。

好课有标准吗？好课的标准，更多在于内心的感觉。内心感觉到一种创造的快乐，体会到一种行云流水的顺畅与润泽，便是课堂教学反馈于我的最佳乐趣。

我的教学之乐，绝大多数正是来自课堂。

多年潜心经营，授课早已不再是一种折磨。然而，要想每一节课都具有滋养心灵的功用,依旧还有无数的路程需要艰辛跋涉。

失败仍然难免。每一节失败的课,总伴随着若干天的郁闷与烦躁,就像追求多年的梦,轻而易举地被打碎。

于是,为了一份良好的心情,便只有日复一日地雕琢课堂,尽最大能力,去捕捉那些灵光一闪的感觉,去营造那种师生同乐的氛围。

我始终坚信,一节课,一定是有最理想的教学路径的。就如一个学生,一定有他固有的成长密码。

每一个孩子走进学校,健康成长都必然是他的理性诉求。为了这样的诉求,我有责任用我精心构建的课堂,解开他的独特密码,帮助他加足燃料,高速前行。

还有比雕塑生命更有乐趣的事情吗?我厌倦说教,讨厌逼迫,故而,我只有钻研我的课堂,用潜移默化的浸染、水到渠成的滋养,启迪蒙昧,开启诗与思的门窗。

(三)

我算不得真正热爱读书的人。尽管我在《书香浸润生命》中,想方设法地劝人读书,于我自身,却并不真正懂得读书之道。

但这绝不妨碍我阅读。曾经有很长一段时间,我对所有白纸黑字的东西,都充满了一种热恋般的感情。

后来,琐事越来越多,而且我的阅读也开始有了固定目标,逐渐只朝向专业领域延伸。

我却依旧无法抵达真正的阅读境界。在阅读的"浪漫—精准—综合"的循环发展中,我自得于肤浅信息的轻易捕获,却懈怠于高深理论的深度探究。

这并不妨碍我快乐,在浩瀚无垠的知识面前,我永远缺乏传统儒生那种知不可为而为之的无上勇气。我只秉承着"我阅读,我愉快"的心态,把自己收藏在书本中,用一个个方块汉字堆叠理想的乌托邦。

我坚信,阅读是一件愉快的事。在一些不想参加却又不得不参加的会议上，躲到后排，摊开一本专业书籍，沉浸到教育教学的万千玄机之中，便可以将无休止的排名、量化与升学指标拒于双耳之外，这是阅读的开心事之一。

早读课上，一卷在手，沐着学生们的琅琅书声，轻松吟哦来自久远时代的秦风汉韵唐诗宋词，沉醉于剪不断理还乱的离愁别绪之中。又有几多同行，能有如此闲暇，接受经典的洗礼？这是阅读的开心事之二。

偶读妙文，便忙不迭地打印，一份珍藏于文摘本，一份张贴于教室墙，一份推荐于校园网。然后，想方设法地抓几个观众，生拉硬拽地奇文共赏。人或不解其中真味，我却独享个中愉悦。这是阅读的开心事之三。

（四）

我很喜欢以语文人自居。语文人，一个多么奇特的名词！

语文人和他人有差异吗？当然，语文人必然应该是书香浸润的，语文人还应该是写文章的行家里手。语文人应该有比寻常人更敏锐的审美能力，应该拥有永恒的诗心、诗情与诗性。语文人应该是诗和思的倡导者与践行者，语文人应该拿得起放得下，进能心忧天下、壮怀激烈，退能心旷神怡、宠辱偕忘。

做一个语文人，不是一种快乐吗？

"前辈子杀猪，这辈子教书；前辈子杀人，这辈子教语文。"说出这样的话的语文同行，算不得正儿八经的语文人。他的眼中，看到的总是劳累与平庸。正儿八经的语文人，必然懂得双关与借代的修辞格，懂得"祸兮福之所倚、福兮祸之所附"的辩证思维，能够从繁琐平庸中发掘出其他人永远无法解开的快乐之谜。

我爱写作，事务再多，工作再忙，总要安排时间，随心所欲地写些有用或无用的文字。在文字中，我指点江山，粪土王侯，让灵魂海阔天空地驰骋。我用文字去探寻真理，用文字结识天南海北的朋友，用文字为自己铺垫走向快乐的道路。

我从不认为码字与码麻将具有同等的愉悦功能。快乐尽管不拒绝肤浅，却拒绝过分奢侈地消耗时光与生命。一个教师的写作，尽管可能永远达不到一名专业作家的应有水准，然而，吾手写吾心，每一个文字背后，凝固的都将是一段鲜活的历史。这历史，由我创造，只属于我。

（五）

第一次坐飞机，是从南京飞往西安。

坐在数千米的高空，看机翼下无边的云，最大的感受，是云从未如此的壮观。当时便想，只在大地上仰望，便永不会拥有这份俯视的感觉。

生活与工作莫不如此。

当工作的一切环节和过程，都只围绕着冷冰冰的量化数据和可怜的奖金献媚时，隐藏在工作上端的快乐，便总会因仰望而被厚厚的云层遮蔽。要感受快乐，就必须攀升到这云层之上，以俯视的角度、旷达的心态，品味其中的美妙韵味。

这样的攀升，本身也是一种快乐，虽然有时有超重的难忍，有心脏的威压，但这是过程中无法避开的付出。倘若换一个角度思考，没有了这样的体验，人生是否又会因少了一种感受而失去了一份情致？

曾经将一句话当作人生的座右铭，写在字典和相册的扉页："一切都是生命的点缀，太阳每天都是新的！"写下这话时，即将大学毕业。转眼间，竟然已经工作30多年。30多年中，一切的确都是生命的点缀，曾经认为难以逾越的沟沟坎坎，眼下都不过是身后路上的一个小小风景。太阳依旧每天升起，这每一轮升起的朝阳，带给我的何尝不是充满希望的新的一天？

这么想时，眼前便总是云淡风轻。这云里风中，轻飘着一个个快乐的密码，召唤着尘世里的有缘之人。

我愿自己永远是能够找寻到快乐密码的人，我愿带着我的孩子们，一起快乐地行走在教育的田野里，让他们感受当下教育的快乐与润泽，过一种幸福而完整的教育生活。

第三章 站稳讲台的技巧

在一体化操作平台、智慧教室、未来教室逐步取代传统的三尺讲台的当下，教师在备课、授课、检测、反馈、评价等教学全过程均遭受着现代信息技术的立体化冲击。来自若干年前的师范大学课堂的那些静态化的学科本体性知识，或已滞后于当今社会创造的新成果、新思想，或轻点鼠标便能从网络上轻松获取。备课不再满足于准备各类知识信息，而是想方设法创设与学习内容相适应的真实学习情境，依据教学内容设计切合课程需要的项目化学习任务。授课不再执念于"教教材"，而是转变为"用教材教"，在项目化学习的过程中"让学习真正发生"。检测不再局限于书面作业和试卷，社团活动、社会实践、志愿服务均成为衡量学业成绩的不同标尺。反馈与评价借助大数据和现代交际平台实时共享，家校双方成为各类信息的共同拥有者……凡此种种，皆让教师逐步卸下"知识权威"的虚幻包装，使其还原"知识与文化传承者"的真实身份。

　　然而，知识与文化传承绝非一件轻而易举之事。传承不是复制，不是机械搬运，不是生硬模仿，而是理解基础上的创新，是将传统与现代进行整合融通之后生成新内涵。传承需要技巧，需要情感，需要思想，需要一颗聪颖且博爱的心。

　　当下，考一张教师资格证或许不难，评一个高级教师的职称亦非难事，但要想真正站稳讲台却绝非易事。很多"把关教师"长期执教毕业班，似乎经验丰富，但其"经验"绝大多数只体现为熟悉考试题型、舍得下功夫跟学生比消耗，却并非体现为洞察教育教学的内在规律，能够用最少的时间消耗和最佳的教学方法"激活"学生的学习思维，帮助学生成为真正的"学习者"而非"小镇做题家"。

　　从这样的思考出发，本章四节文字试图传递给你的，便不是相对物化的教学技巧，而是为人师者必须知晓的教学箴言。

第一节　追寻"目中有人"的备课

一切教学活动，均以备课为起点。

备课之"课"，绝非静态化的教学内容，更非碎片化的考点、考题，而是由教师、学生、教学内容以及特定的学习文化等多方面因素构成的动态化、综合性实践活动。

构成备课之"课"的要素，至少包括五大类十五小项：从教材角度看，体现为教材预设的知识信息、能力信息、课程信息；从教师角度看，体现为教学内容的合理取舍、教学方式的灵活运用、教学活动的有效预设；从学习者角度看，体现为既有的学习能力、学习态度、学习方法；从课堂活动的角度看，体现为课内预设的活动、生成的活动和课外自主研修活动；从未来社会的发展需要角度看，体现为自主思辨能力、合作探究能力和终身学习能力。此五类十五项，不但指向当下课堂应该具备的各类学习元素，而且指向学习者的未来发展。

备课之"备"，亦非手写一份教学设计，或者制作一份教学PPT，更不是从网络上搜索一份教案，将其稍事修改后收归己有。"备"是一项融传承与创新为一体的创造性的智力劳动，建立在永不停歇的知识储备和知识更新的基础之上。备课之"备"，包含着阅读、思考、提炼、检索、比较、设计、应用等行为与过程。所谓"用一生时间备课"，指的就是这些。

当我们将教师之"备"与教材之"课"整合为一份教学活动时，两者结合所产生的绝不能只是一份写满了各种题目的静态化教案，而应该是一所存在于备课者的大脑中、能够随时转换为具体教学活动的"研究所"。备课者既需要为该"研究所"中的几十位"研究员"设定一部分整体性"研究项目"，又需要为不同能力的"研究员"分类设计不同能力层级的个性化"研究项目"。备课者必须明白，备课的终极目的不是准备一个研究项目的操作流程，然后由教师操作给学生观赏，而是为不同的学生设计不同数量、不同难度的研究项目，指导他们在自主研究和合作探究中收获属于他们的研究成果。

从这一点而言，备课不是备"教什么"，也不是备"怎么教"，而是备"如何学"。真正有价值的备课，必须"目中有人"。

备课中的"人"，首先藏匿在各学科可检测的、相对固化的学习目标中。

我们知道，任何一个知识点、任何一篇课文，在其纳入教材体系之后，都必然承担起对应的课程目标。在日常教学中，无论教师采用什么样的方式从事教学，其最终的课堂指向，应该也必然是必须达成的课程目标。

课程目标与课时教学目标的关系，为整体与部分的关系。要确保每一课时的教学目标定位准确，就必须遵守课程目标的总体要求，课时教学目标应该且必须在课程目标范围内确立，才有利于学科教学内容体系的完善，也才有利于学生的健康成长。

此外，课时教学目标的总和，应该与课程目标尽可能等同。也就是说，某一学科某一学段的课程目标，在分解为具体年级具体学期具体单元教学内容之后，这些具体单元教学内容所承载的课时教学目标，必须确保课程目标的全面落实，且训练适宜，各得其所。

如此，教师备课时，就必须准确把握具体课时教学目标在完整的课程目标中应有的位置关系，准确把握该课时教学应承担的全部责任。既不能无视自己的责任，确立的教学内容重难点偏离课程目标；也不能超越责任范围，将不该承担的任务也揽在自己肩头，眉毛胡子一把抓，突出不了真正的重点。

更须关注的是，任何学段的课程目标，最终指向的都是人的发展需要。所以，教师备课时，心中必须始终有"人"。当然，这里的"人"，强调的是"人的活动"，是学生在教学中应该展开的各种活动。有效备课，必须在课程目标的引领下，精心准备符合课程目标和课时学习目标的有效活动。

以语文学科为例，小学中年级的阅读课备课，教师只有先认真分析学生的接受力，并在此基础上精心设计有效问题，才能营造出课文理解所必需的情境氛围，才能实现"能联系上下文，理解词句的意思，体会课文中关键词句在表情达意方面的作用"的教学目标。如果不顾学生的实际接受能力，在备课中一味追求所谓的"宽度""深度"，却又不能做到深入浅出，那么，依照此备课而进行的教学活动，就不会有效。

同样，初中的阅读课，课程目标已明确提出"对课文的内容和表达有自己的心得，能提出自己的看法和疑问，并能运用合作的方式，共同探讨疑难问题"的教学要求，若只准备相关知识而不设计问题，不组织学生交流看法、提出疑问，不组织合作探究，怎能顺应学生的终身发展需要？

现实生活中，相当部分教师的备课停留在"备教学内容"的层面上。这样的备课，其目标指向教师的"教"，而非学生这个具有鲜活生命的"人"。教学内容准备得充分，则教师可以在讲台上口若悬河、满堂狂灌而不出现卡壳或失误，但这样的课堂，学生是被动的、消极的，教学效果自然也是低效的。

备课中的"人"，其次体现在学习任务的设定与完成中。

课堂教学的终极价值，在于帮助学习者养成良好的思维能力和学习习惯，使其能够不但适应当下的升学需要，而且满足未来的终身发展需要。要达成该价值，就必须在备课中重点思考如何组织活动、如何在活动中培养学习者的思维能力、如何促进学习者在举一反三中获取解决问题的方法。这样的备课，才真正有利于学生的成长。

这便需要教师将备课以及教学的重心由"教师教"转至"学生学"。教师在备课中需要思考的，始终应该是"路径"，是由知识走向能力的"路径"。而要建构学习活动中的这条路径，就必须在备课时始终以创设问题情境为核心，依托精心预设的"问题链"逐步开启学生的思维，最终抵达触类旁通、豁然开朗的学习境界。

因为工作的需要，我经常观摩语文之外的文科类学科的课堂教学。我发现，为数众多的高中思政课和高中历史课普遍存在着"堆砌"已知信息、轻视思辨探究的缺憾。这样的缺憾显然源于备课时的认知错误。教师在备课中将主要精力用在各类显性信息的归纳、提炼与整合上,并未思考如何借助这些显性信息培养正确的政治观、历史观,更未思考如何运用这些显性信息探究当下的社会现实问题,授课时便只能充当信息传递的"二传手",代替学生完成较低思维含量的信息归纳提炼的任务。

理想的高中思政课和高中历史课应该是什么样的?在我这个语文教师的心中,它们至少应该充满思辨性,能够让学习者在大量拥有史料或观点的前提下,充分运用教材中提供的各种信息来分析探究各类宏观性的政策问题、经济问题、法律问题、民生问题、文化问题、历史问题。在这两门课的课堂上,所有写在教科书中的显性信息,教师都不必劳心劳力地去归纳提炼,而是用精心设计的情境、任务或者问题引导学生自主筛选整合。

如果依照我的想法而备这两门学科的课,教师写在教案上的文字会大幅度削减,但用在创设情境、设计任务、预置问题上的时间和精力会大幅度增加,对教师的学养要求也大幅度增加。这样备课时,教师必须先将所有的显性知识装入自己的大脑,然后分析这些显性知识背后藏匿的隐性的价值观,探究能够将核心价值和分散信息串联在一起的情境、任务与问题,再结合特定的学情,围绕情境、任务与问题预设具体的教学流程和活动细节。这样的备课,或许需要动用相关学科的全部知识,甚至涉及相邻学科的众多知识。

数学、物理、化学、生物、地理学科的备课,同样涉及"备知识"还是"备任务""备活动"的问题。几乎所有以教师为主角的课堂,教师的备课一定只是"备知识"。比较各类教学竞赛中的优质课和日常教学中的家常课,最大的差别就在于前者的备课重点一定落在学生的自主学习上,一定创设了适合学情的、有利于激活学习思维的任务与活动,后者的备课重点则大多只落在解题的思维和方法上,只关注知识的构成,只以将一道题目、一个实验项目、一个定理的内在逻辑清晰地告知学生为主要目的,而不是创设一个良好的学习情境,提供一些任务和问题,放手让学习者自己去探索、发现、提炼、归纳。竞赛课和家常课的区别,其实就是"学生学"和"教师教"。

"学生学"和"教师教"是备课时存在于教师大脑中的起点相同但方

向迥异的两条路径。两条路径的起点都是教材，终点却分别指向"学会学习"和"完成知识传授的任务"。准备一节以"学生学"为主要学习方式，以"学会学习"为学习目标的教学活动时，教师大脑中思考的便不是某个知识很重要、某个知识在考试中占多少分数、某个知识必须圈画出来安排学生背诵，而是基于现实学情区分哪些知识学生能够理解，哪些知识学生自主学习有一定的难度，需要预设一个特定的情境激活学生的学习思维，哪些知识必须借助精心设计的"问题链"搭建起合理的思维阶梯，引导学生逐层登上希望达到的认知高度。准备一节以"教师教"为主要学习方式、以"完成知识传授的任务"为学习目标的教学活动时，教师只需要吃透教材内容、设计完整的教学流程、详略得当地完成知识传授的任务。"教师教"的备课，工作量要轻得多。

备课中的"人"，更应该扎根于教师的教学理性与教学情怀中。

新一轮的课程改革中，尽管各具体学科对核心素养的阐释各具特色，但无论如何表达，"立德树人"这一根本不会改变。文化课学习中应该确立的"德"，既需秉承民族传统文化中一以贯之的各种美德，亦需融入当代社会的新道德、新伦理，还应重点挖掘与学习内容相适应的学术道德规范，建构最基本的公民素养。

当下的学科教学中，课堂"缺德"的现象并非个案。理科类的学科教学，"见知识"而不见"德"的课堂活动极为常见；文科类的学科教学，"德"的建构也多停留在直接告知的说教层面，很少融合到具体问题的思考与探究之中。这样的学科教学，或许也可以称为"德不配位"——对学习者道德素养的关注，不能满足社会发展和个体发展的需要，有"教"而少"育"。

要诊治此种病症，让学校教育真正承担起"立德树人"的责任担当，就需要教师在备课时心中多一些"人"，不但想到今日课堂上的这几十个人，而且想到他们将要融入的那个社会、那个时代，想到他们将要建立关联的其他人。这样的想，看似虚幻缥缈，实际上并不玄虚复杂，不过是为人师者应有的一份教育理性和教育情怀。教师准备每一节课，都应该想到这是在为未来社会的合格公民的美好人生奠基，不能只想着把一个自以为很重要的知识信息，简单机械地告知学生。

如何在备课中建构并落实教育理性和教育情怀呢？至少有四种方法。

其一，向专业著作学习，切实理解教学的本质。备课之"课"的丰富内涵，决定了任意一节课的准备都不能只拘泥于该课时的教学内容，而是要最大限度实现知识的融通、情感的互动和思想的交流碰撞。这便需要教师拥有相对开阔的专业视野，能够站在当下科技文化发展的新高度，引导学生理解并运用教科书中的知识。教师要善于在备课中引入专业阅读，要能够围绕特定的教学内容追根溯源，学习大量的专业知识，并从这些最新的专业知识中捕捉科技发展的动向，了解未来社会对人才的需求方向。只有确立这样的备课意识，其课堂教学才能和时代发展同步，才能最大限度开启学生的眼界、胸襟和情怀。

其二，向优秀者学习，在模仿借鉴中落实。网络和专业期刊拉近了教师与教师之间、教师与学者之间的距离，使每一位乐意学习的教师在准备每一节课时，都能够在海量的信息中发现若干份优秀的教学设计或课堂实录。这时，如果能够在备课时跟踪研究某一位优秀教师的众多教学案例，能够从其教学目标设定、教学活动安排、学习思维的激活与养成等视角开展专项研究，则该优秀教师的教育理性、教育情怀便可被吸收并转化为研究者自身的教育理性和教育情怀。

其三，向教学内容学习，在教材内涵挖掘上下功夫。无论面对的是哪一门学科的知识，都离不开相关的人。物理学科的背后有无数的物理学家，化学学科的背后有无数的化学家，语文学科的背后更是包罗万象，几乎涵盖了人类社会所有的顶级科学家、文学家、政治家。具体的知识或许不关乎教育理性和教育情怀，但这些人却都是有理性、有情怀的人。教师在备课时应始终注意挖掘知识背后的人的情感与思想，并用这样的情感和思想点亮学生的探究欲，帮助学生树立正确的科学观、价值观和人生观。千万不要以为这样的内容与考试无关，不值得在课堂上提及。要知道，很多伟大的科学家、文学家，就因为教师在某一节课中的某一次拓展，便由此而埋下了理想的种子。研究哥德巴赫猜想的大数学家陈景润，就是因为读书时数学老师在课堂上谈到了这个问题，才立志钻研它。

其四，向社会生活学习，从反向案例中发现应有的道德品质。生活于无限繁杂的尘俗世界，几乎每一天都有各种各样的事件冲击着我们的思想、情感和理性。当我们想要将我们的学生培养成顶天立地的"人"时，不妨在备课时准备一些生活中的反向案例，用以引导学生思考和探究。这方面的案例，在文科类的学科中几乎信手拈来，随时可以组织起深度探讨；在理科类的学科中，只要有心也不难发现。比如，网络上隔三差五地便会出现一些反科学的言论，只要和教学内容有关，便可以作为一种学习情境储备下来，需要用时便置入课堂。另外，当下经常性发生的各种学术不端的案例，也应该适时嵌入教学内容中，帮助学生建立应有的科研伦理道德规范。

当然还会有其他的方式方法，可用以确立备课、授课中的教育理性和教育情怀。其实，只要是一位拥有教育理性和教育情怀的人，则其备课、授课便不会让理性和情怀缺位。反之，自身从未琢磨过如何确立教育理性和教育情怀，又怎么会在备课、授课中千方百计地激活学生的生命意识呢？说到底，只有教师"目中有人"，其备课、授课才会让每一个学生都以独立的"人"的形象存在于课堂之中。

第二节　让课堂动起来

　　备课中的"目中有人"，只有转化为课堂教学中的"生命在场"，才能真正发挥其"立德树人"的功用。而"生命在场"则离不开精心创设的课堂活动，离不开学习过程中的感悟、感发与感动。

　　不同的学科需要不同的课堂活动形式。物理、化学、生物之类的学科，最好的课堂活动方式无外乎亲自动手，把各类实验从教科书中转移到实验室内。语文、英语、政治、历史之类的学科，最理想的活动方式则在于创设真实的学习情境，依托具体的学习任务而完成相关问题的思考与探究。

　　不同的学习内容也需要不同的课堂活动形式。识记性质的学习内容和探究性质的学习内容相比，在活动形式上必然简单得多。识记类知识重在想方设法调动学习者个体的学习情趣和知识储备；探究类知识则需综合利用各种学习手段，既千方百计激活学习者个体的主动探究热情，又最大限度开展同伴互助，在合作中相互启发。

　　不同的学情同样需要不同的课堂活动形式。以自主探究为主要形式的课堂活动，适用于拥有较强的自学能力和自控能力的学生。对于缺乏自学能力和自控能力的学生，则必须借助教师的引领甚至约束才能完成相应的活动内容。

　　在所有的微观层面的差异性课堂活动之上，还存在着一个宏观性质的共性化教学活动原则：活动的主体是学生，不是教师；活动的形态是思考、探究与发现，不是低思维含量的游戏、表演与搞笑。无论执教哪一门学科、面对何种学情，都务必把握住这一原则。

　　下面几个案例，均来自我的语文学科教学实践。我以为，这样的活动对于落实语文学科的"立德树人"的目标颇有价值。

案例一：听听生命流动的声音

那天的课文和生命有密切的联系。于是，我用了这样的导入："同学们，正式上课之前，我想和大家一起做个简单的游戏测验，大家有没有兴趣啊？"

听说是游戏，学生们的兴趣也就上来了。别看是高中学生，贪玩的心是一点不会减弱的。"什么游戏，好玩吗？"有性急的问。

"不是很好玩。不过，要是你用心去投入，也很有趣味的。"我鼓动道，"请戴机械手表的同学取下套在腕上的手表，然后把手表贴在耳朵上，闭上眼睛静下心来听表针走动时发出的'滴答'声；请没有戴机械手表的同学，用右手的食指和中指按住自己左腕上跳动的脉搏，同样闭上眼睛静下心来感受生命的搏动。时间是5分钟。"

学生们依照我的要求，做好了准备。

"现在计时开始。"我下达命令。

教室里立刻一片寂静，孩子们的眼睛都微微闭合着，半数以上的学生擎了手表紧紧贴在耳朵上；其余的则如把脉的老中医般右手搭在左手腕上，感受着生命的搏动。我静静地站在讲台上，用眼光抚摩可爱的学生们。我注意到，刚开始时，有的孩子脸上还挂着嬉笑的表情。随着时光的延续，他们的脸色越来越凝重，似乎有无数不可言传的感悟从四面八方汇集到他们年轻的大脑中，让他们沉静深思。

也许从来没有哪一个5分钟如此刻这般漫长，漫长得好似经过了一段长途跋涉。当我宣布"时间到了"的时候，我听见教室中很多声音汇聚成一声沉重的叹息。

我让同学们谈谈刚才这5分钟内的思想活动。

"我起先只是要完成老师布置的任务。但当我静下心来倾听手表发出的'滴答'声时，我开始感受到一种生命的流动。我感觉每一声'滴答'都是一种催促，催促着我要珍惜宝贵的时光，要奋发上进……"

"我静静地听着手表的'滴答'声，感觉到时光流逝是那么的无情。它不会因为我们还有许多没有做的事情就停下来等候我们，也不会因为我们勤奋了就额外地多给予我们一些。于是,我想我们不能再浪费光阴了,因为人生短暂,而应该去做的事又实在是太多太多。"

"我用我的手指感受着我生命的搏动。我知道,是我的热血在鼓动着我的生命。这一刻,我感受到的是生命的可贵,是健康的珍贵,我想,我一定会好好对待生活、善待生命的。因为生命只有一次。"

……

孩子们的发言,超出了我的预设目标,让我的灵魂也得到了一次净化。我带着掩饰不住的兴奋,打开了书本……

1999年,我在教了13年的初中语文之后,第一次执教高中语文。我所面对的学生,是从全县数千名学生中挑选出来的成绩最出色的一个群体,他们都会顺利地走入高校的大门,但他们的思想还不成熟,对世界、对人生的认知还有很多局限,甚至偏差。我的责任,就是要通过我的语文课堂,帮助他们树立正确的人生观和价值观,让他们能在未来的道路上始终保持正直和刚毅,能始终珍爱生活,善待一切生命。

正是基于这样的思考,我设计了这样的课堂活动。需要注意的是,如果面对的是感悟能力较差、缺乏自控力的学生,则这样的活动便无法获取应有的教学效果。

案例二:我们都是创奇者

"今天,我们要进行一次特殊的练笔。说它特殊,是因为本次练笔没有题目,没有主题,没有任何限制。唯一要求大家的,是速度,比一比单位时间内的数量。所写的内容,可以是一个完整的故事,也可以是并不连贯的一个个碎片,明白了吗?"我在讲台上宣布,"如果明白了要求,咱们就可以开始了,时间是15分钟。"

"你的意思是我们想写什么就写什么,只要是写字就可以了吗?"少数没有完全理解要求的学生问。

"你的问题提得很好。请大家注意,所写的东西虽然可以是一个个碎片,但要能让我们从中搜寻出你思想的轨迹才行。不能一个相同的字重复写下去。"我进一步强调。

"明白了,可以开始啦。"孩子们很性急,也许是想看看自己的实力。

"开始!"我一声令下,教室里立刻响起密集的沙沙声。

我不知同行们是否有我这样的幸运,可以有15分钟的闲暇来凝听笔尖和纸张摩擦所发出的奇妙的音响。这是天底下最神奇的旋律了,细腻而温馨,轻柔而凝重。它让我想起了陆定一在《老山界》一文中的精彩譬喻:"像春蚕在咀嚼桑叶,像野马在平原上奔驰,像山泉在呜咽,像波涛在澎湃。"

5分钟后,有同学停下笔活动活动手腕,然后继续奋笔疾书;10分钟后,一半的人放慢了速度;15分钟终于到来时,所有人都如同经历了一场大战,个个表现出筋疲力竭的神态。

"累吗?"我问。

"岂止是累,整个手都要断了!而且大脑高度紧张,要缺氧啦!"有喜欢说话的学生立刻接上了话茬。

"哈,幸好没有同学因为这个特殊练笔而牺牲,否则,我的过错就大了。"我和学生们调侃道,"不过,我可从来没有看见过大家15分钟内写这么多的文字噢,请互相交换一下,数数看15分钟写了多少字,看看谁是咱班级的最快手啊!"

教室里立刻又响起了一片计数声。

统计结果很快出来了,大多数人写了600~800字,少数人超过900字,最快的一个写了1100多字。这个数字引起了一片喧哗。

"恭喜各位,大家都创造了个人写作史上的奇迹!看看,写练笔并不是什么难事啊,15分钟不是就可以写出很多的内容吗?"

"可是,这个能算练笔吗?不过是随心所欲的瞎写罢了。"看来学生们比我明白得多。

"是啊,这个不算练笔,但练笔也不是什么困难的事情,不过是把心中的所思所想用文字表达出来。只要我们写作时不去想着是要写文章,而是想着要把自己心中的所思所想真实地表现出来,那就和咱们这次训练没有多大差别了,不过是把零碎的语言组织成完整的语言。我想我们每个人都是能整理好自己的思路的,是不是?"我鼓动道,"我相信我们每一个人都具有无穷的潜力。以前我们害怕写作文,那是因为我们没有看到自己的实力,不了解自己到底有多大的才能,今天,我们已经用自己的行动证明了自己,我们都是创奇者,当然也就能很好地完成练笔任务。而且,我相信我们还能在练笔中不断提高,直至每个人都写出自己最好的文章。"

该案例的第一次实践,是在1995年。此后的20多年间,我经常重复使用此项活动。该活动有两个目的:一是让每一个学生了解在思维不受阻碍的状态下写作一篇文章的大致用时;二是让每一个学生了解立足生活抒写真实感悟的价值。两个目的中,后者更为重要。

每次这样的游戏活动后,学生们的练笔水平真的上了一个台阶,不但数量符合要求了,质量也提高了。我想,游戏性的活动,确实让这些优秀的孩子看到了自身的潜力,而一旦认识到了自身的这种力量,孩子们总是能激发出更大的能量来塑造更完美的自己。

案例三:请个模特上讲台

讲授鲁迅先生的小说《祝福》时,为了更好地把握作品中细腻传神的人物形象刻画手法,同时纠正作文中千人一面、千人一腔的弊病,我在课堂上安排了一次"人物速写"训练游戏。

我请班级表情最为丰富的一个女同学走上讲台,征询了她的意见,搬了张凳子请她坐下后,便要求其他同学以该女生为模特,用描述性的语言,传神地刻画出这位女同学的肖像、神态和动作。

这位女同学坐在凳子上,承受着50多双眼睛的注视,神情自然是不太自然的。她在凳子上不断地变换着姿势,那双大大的眼睛,时而忽闪忽闪地望向下面的同学,时而低垂眼睑盯着自己的脚尖。她的两只手也找不到一个该放的位置,要么是拉着衣角在手中揉动,要么是摸摸脸颊理理头发。看她这么尴尬,我便在一边逗引她说话,通过说话来分散她的注意力。

5分钟后,同学们陆续完成了作业。我让大家用热烈的掌声表达了对女同学的谢意,然后组织交流这次练笔的内容。

一个女同学是这样刻画的:"她有一张表情特别丰富的脸。灵性的眼睛,无论是圆睁还是细眯着,都有一种特别的神韵。那眉毛就如同两片随时待命的有魔力的柳叶,只要接到了运动的指令,便立刻飞扬出一种年轻的活力,似乎这世界上,再没有任何烦恼和忧愁,可以让它枯萎。那脸庞是那样的可爱,细腻的皮肤,表达着属于青春的特有美丽。……"

另一位男生这样来描绘:"她是一只灵巧的小鹿,却被老师用魔咒给限制在了座位上。她的眼睛中流露着一种对重新获取自由的渴望,那每一次的顾盼,都似乎在传递着一种期盼解放的信息。她的双唇通常是紧抿着的,只有在她的视线和某位同学的视线碰撞时,她才会轻启朱唇,露出羞涩又包含着尴尬的笑意。……"

十多位同学发言后,我又组织了对发言同学的描写的评论,充分肯定了大家细致入微的观察,表扬了文段描写中体现出来的个性化的特色。

这次活动发生于2004年,我所面对的是高二年级普通文科班的学生。该活动将美术中的速写或者素描迁移到了语文课堂上,在游戏中强化了人物形象塑造的手法,巩固了常规肖像描写的技巧,强化了记叙文写作基础。

案例四:语知课上的文字游戏

这是一堂面向全市高三语文教师的公开课。根据市教研室的要求,我必须上汉语知识复习课,而且是最没有趣味的字形辨识。

走上讲台,我说:"在讲析正式内容前,我们先做个游戏。我请两位同学到黑板前,听写几个字词,不知有没有胆量比较大,敢于当着这么多的听课老师上台的勇士?"

两个一直很活泼的女生走上了讲台。

"第一个字：hóng。"我报出了要听写的字。

"什么，什么hóng啊？"两个人一头雾水，不知该写什么。

我又重复了一遍，并不把这个字组成词语，同时催促两个同学赶快书写。结果两个人一个写的是"洪"，一个写的是"宏"。

"第二个字：huáng。"

两个人很快都在黑板上写出了"黄"。

"第三个字：lán。"

两人又都写出了"蓝"。

"好，就这三个字。请两位同学说说，你们为什么要写这么三个字啊？特别是后面两个，为什么写成了一样的形体？"我刁难两位上台的同学。

"第一个字，因为你没有报出词语，所以，我不知道该写哪个hóng，就只好随便写了一个。第二个是huáng，和第一个联系起来，知道要写的是颜色，所以就写了'黄'。第三个就更简单了。"一个同学这样给我解释。

"你能给我说说这次听写的感受吗？譬如老师应该如何报听写内容，平时运用汉字时应该注意什么内容，等等。"我对另外一个同学提出要求。

"我感觉汉字使用时，必须构成词语，才能准确表达意思。单个的音是无法表达清楚字意的。这就告诉我们，运用汉字和辨析汉字时，必须把字放到词句中去掌握才行。"

"很好，两位同学说得很好。老师立刻纠正错误，下面重新报几个词语来写，你们有没有信心写正确？"我用了点激将法。

"试试吧，应该没有问题的。"

我报了四个同学的姓名出来，他们的名字中分别有"烨""琛""焯""鑫"四个字。

两个听写的女生很轻松地写好了四个姓名，但一个同学把"烨"写成了"晔"。

"你为什么要写成'晔'呢？"我问那位女同学。

"我并不知道他用的是哪一个字，因为我不知道他姓名的含义，只是依照自己的想象，感觉应该是这个字，所以就写了。"

"哦，你的意思是说，姓名要写正确，就必须搞清楚意思啊。那咱们就请这四位同学给大家讲讲自己姓名的意思吧,怎么样?"我提出建议。

四个同学便依次讲解了自己姓名的含义。烨同学说:"'烨'是光盛的意思,我父母给我取这个名字,是希望我能有所作为,把自己的光芒全部放射出来。"

琛同学说:"'琛'是珍宝的意思,我的父母是希望我能成为一颗珍贵的珠宝,能给自己和家族带来巨大的荣誉。"

焯同学说:"'焯'是明显、明白的意思,我想我父母给我取这个名字,是希望我永远做个明白事理的人。"

鑫同学说:"'鑫'是财富兴旺的意思。但我的名字不是这个意思,因为我父亲兄弟三个,只有我这么一个女孩,我是三家的女儿,所以是三千金,就是'鑫'了。"

鑫的发言,引发了同学们善意的笑声。后面的听课老师也都笑了。

我抓住了这四个学生的姓名介绍进行拓展。我说:"每一个姓名,都寄托着一种理想,或者说是一种期待,因为父母养育我们,总希望我们能有所作为,希望我们能成为他们的骄傲,即使我们不是为了自己学习,单是为了满足父母的这份心愿,我们是不是也应该刻苦勤奋?请你记住,你时刻都应该是你父母的骄傲!"

趁机发挥后,我回到课堂教学中来,我说:"从这几个同学的姓名听写中,我们是不是可以概括出一些汉字使用的知识啊?"

通过这个转折,我把课堂拉回到了汉字辨识上,指导着学生借助"烨""琛""焯"这三个字,归纳了三组形近字,总结出了"不能依靠简单推论来断定字形,需要注意形近致误的别字;要注意字形和字音、字义之间的关系;字的识记不能离开词语和语境"等三条规律。然后大家又一起研究了几道高考试题,讨论了命题的特点等专业问题。

这节课后,听课教师的评价最多的是"想不到"。想不到语知课也可以这样导入,想不到高三毕业班课堂还可以玩游戏,想不到全市的公开课也敢如此轻松对待,想不到学生有这么高的兴趣投入到课堂中。一个平时最挑剔的老教师对我说:"不错,这堂课你上得真不错!"

四则教学案例之外，还有很多的活动片段值得交流。比如，教授初中课文《同志的信任》时，我以一个自编的谜语——我们说的话——导入新课，谜底是"信"。因为这篇文章通篇都是扣住一封信来展开的。猜谜可以在新课开始阶段就调动起学生的学习兴趣，有利于营造授课所需的学习氛围。

　　执教汉语知识中的语言运用内容，为了帮助学生更好地理解"语言得体"这一知识点，我设置了这么个讨论：昨天晚上看了一部战争题材的电影，发现里面的首长们很喜欢叫自己的警卫员为"小鬼"。"小鬼"不是骂人的称呼吗？首长为什么要这么叫警卫员呢？如果这样叫是可以的，那么，警卫员能不能叫首长"老鬼"呢？

　　提出问题后，孩子们的讨论十分热烈。有的认为两种称谓都很好，体现了一种亲切；有的认为两种都不好，都是对人的一种不尊重；也有的认为首长称呼警卫员可以，因为"小鬼"的"鬼"，是褒义，意思是机灵、灵活，而"老鬼"则是骂人的话，不能使用。这个讨论，使得我所需要的课堂气氛得到了最好的营造，主要知识点也得到了突出强化。在讨论的过程中，大家逐渐达成共识——语言运用要得体。好的问题，既可以活跃课堂，又可以让学生学习知识。

　　把同学的姓名编成对联，然后让同学们来对句，是一种有趣的语文知识游戏。这种游戏，通常可以用在授课内容结束后，用来调节情绪，刺激大脑皮层上的兴奋点。譬如班级内有这样三个同学——王欢、殷书缘、徐畅，我就针对这三个人编成一个上联"王欢徐畅因（殷）书缘"，然后要求同学们从班级内或者文学作品中找相应的人物来对出下联。

　　小品表演是语文学习过程中将知识转化为能力的良好活动项目。相当多的小说，都是可以用表演的形式来学习和体悟的，譬如《守财奴》中精彩的细节与对话。《雷雨》《三块钱国币》等戏剧作品的精妙构思，也可以通过组织学生演出的形式来完成教学任务。某一轮高中教学时，高二年级教材的一个戏剧单元，我都是通过让学生演出的形式来进行课堂教学的。表演之后，还要组织演员谈感受，谈对自己塑造的人物形象的认识。在演员谈完体会后，还要组织同学们对他们的表演进行点评。

上述教学案例虽只局限于语文学科教学,却并不缺乏对其他学科的启迪意义。事实上,只要用心去捕捉,任何一门学科都时时处处可以运用各种形式的活动,实现愉快学习的目标。

我总在想,课堂活动的好处是可以使学生们在看似轻松的玩乐之中抛开学习上的功利思想,这种抛开,可以最大限度地激发学习的主动性和创造性,能够很好地还原课堂应该有的丰富多彩,更好地实现学科教学"立德树人"的终极目标。身为教师的我们,要想全方位体验教学的有滋有味,为什么不多多开动脑筋,让我们的课堂因为多样化的活动而更为飘逸灵动呢?课堂飘逸灵动,应该成为我们的教学追求。

第三节　有"真问题",才有"真思考"

一切能够借助各种辅助性资料而获取的知识,都不构成教学活动的重点。此类型的知识,与其由教师直接告知学生,不如让学生借助辅助性资料而自主获取。教授此类型的知识时,教师需要做的,只是先于学生筛选各种辅助性资料,为学生提供信息检索的目标与路径,减少检索过程中的时间和精力浪费。

教学活动的真正着力点,应始终锁定在问题上。教师备课需要发现问题,学生自主学习需要发现问题,课堂活动过程中依旧需要发现问题。应该说,学习与成长的过程,其实就是不断发现问题、探究问题、解决问题的无限循环过程。简单的问题解决了,复杂的问题随之而出现;旧的问题解决了,新的问题随之而出现。不能主动发现问题的学生不是好学生,不能引导学生发现问题的教师不是好教师。

能够构成教学活动中的问题的信息近乎无限丰富。其中,借助最简单的信息检索便能够获取答案的问题属于"假问题"。能够让课堂教学充满趣味的"真问题",大多具备激活学习思维、调动知识储备、引导学生在"山重水复"的认知困局中左冲右突并最终抵达"柳暗花明"之境的开启功能;少部分的"真问题"则即使倾尽全力也无法破解迷局,只能留给未来充当持久性的探索目标。

从教 30 余年间,我几乎听过所有学科的家常课、评优课或者示范课。视野所见中,各学科教学普遍存在着"真问题"匮乏的缺憾。为数不少的课缺乏真正的问题探究,一部分有"真问题"的课又往往在问题的设计上缺乏必要的引领与铺垫,致使原本很有价值的问题因为设置得过于突兀而无法真正发挥应有的思维开启作用。

那么,如何才能借助精心预设的"真问题"最大限度地激活学生的学习思维和探究热情呢？下面四点值得思考与实践。

所有的问题必须来自与教学内容的深度对话

教学者或者学习者在日常教学活动中存在的最可怕的病症，是生命不在场。

生命不在场，则面对任何学习内容便都不思考、不探究，不从对话的角度多视角、多层面解析具体的学习文本，只被动接纳来自外部的各种信息。如此，人的大脑便只充当了外部信息的"储藏室"，无法成为融加工、消化、吸收为一体的"加工厂"。

比如，学习李白的《静夜思》，面对"床前明月光，疑是地上霜。举头望明月，低头思故乡"，生命不在场的教学者或者学习者，只满足于认识这20个汉字，能够背诵并准确默写出这20个汉字，便以为完成了学习任务，却不去思考这平白如话的20个字为什么能够成为千古传诵的佳作，为什么能够唤起亿万读者的情感共鸣，不去探究"明月光"与"地上霜"的意义关联，不去品味"举头""低头"背后的长夜无眠、独自彳亍。这样的学习，便没有任何的问题意识，算不得真正的学习。

真正的教学者或者学习者则不是这样。真正的教学者或者学习者，面对这首貌似一眼望得到底的诗歌时，会立刻按下大脑中的"对话"按钮，主动寻找并发现隐藏在文字背后的陌生化的问题。这些问题包括：

1. 诗歌为何从"床前"写起？"床前明月光"中隐藏了哪些言外之意？

2. 为何"疑是地上霜"而不是"疑是地上雪"？我们常说"月光如水"，用"水"来作为喻体行不行？

3. "疑"体现了抒情主人公什么样的动作与神态？

4. 由"疑是地上霜"到"举头望明月"，中间经历了哪些故事？

5. "举头望明月"时，抒情主人公内心深处会想些什么？

6. 想到了家乡，为什么不是举目远眺故乡，而是"低头思故乡"？"低头"的动作背后有什么深意？

7. 抒情主人公为什么会在这个夜晚思念家乡？他离家多久了？

第三章　站稳讲台的技巧

8. 勾起他的思乡之情的，真的是"明月光"吗？

9. 他想家了为何不回家看看呢？写完这首诗歌后，他是回家了，还是继续漂泊，或者是做官了？

……

这些问题，全部藏在20个简单汉字的背后，不对话、不思考，便永远无法获取答案，也便永远无法真正走进诗歌的内核，走进诗人的灵魂。

语文之外的其他任何一门学科的教学或学习，也都存在着同样的认知需求。通常情况下，大脑中始终装了"十万个为什么"的学习者，总能够在表象之后捕捉到诸多的根本性的内容。而不会教学或者不会学习的人，则仅只满足于获取最浅层次的文本信息，将认知思维固化在"知其然"的层面。

并非所有的"真问题"都构成教学活动的重难点

既然面对任意一个文本都能够生成若干的问题，那么是否所有的问题都需要在常态化的教学活动中一一探究呢？

答案当然是否定的。

受课程学习任务的制约，任意一个教学文本的内在的信息，都远超课堂活动中应该探究的相关内容。文本的信息可以无限丰富，文本的课程任务却极为有限。以数学课的教学为例，某一道试题可以用传统的算术方式解答，也可以用简单的方程解答，还可以用复杂的方程解答，绝不存在着一节数学课上必须同时教会各类解答技能的课程任务，而是必须依据学段、学情和课程任务灵活取舍教学内容。

教学内容依据课程任务而灵活取舍的要求，决定了建立在课程任务基础上的"真问题"也必然需要灵活取舍，与教学活动重难点无关的问题皆可忽视，只留下能够服务于教学活动重难点的那一部分"真问题"即可。

即使是指向教学活动的重难点的"真问题"，也还存在着因学情而异的变数。某个问题适用于重点学校的创新班的教学，便很难适用于非重点学校普通班的教学。"真问题"的价值在于促进思考和探究，而思考与探究一定建立在既有的认知能力的基础之上。不同性质学校的学生、不同接受能力和理解能力的学生，需要探究的"真问题"必然存在差别。

理解了这份差异，才会明白为什么从网络上借鉴来的名家优质课的教案或PPT，用到自己的课堂上却难以激发学生的积极性。他人的教学设计再精彩，设计的问题再深刻，也只是建立在他人的课堂理解力和驾驭力的前提之下，建立在对特定学情的深刻认知的前提之下。离开了这些主客观因素而盲目模仿，他人的"真问题"就变成自己的"假问题"。

当下，很多学校推行集体备课。集体备课从来都不是将一册教材分解成若干版块，每位教师领受一个版块的任务去编制教案、制作PPT、命制相关作业或考题，而是集中研讨教学中存在的疑难问题，寻找切合各自班级学情的理性化的教学技法，寻找各自的教学"真问题"。一个人制作了PPT，全年级共同使用，最终必然有半数以上的班级在教学活动中脱离具体学情而探究着众多的"假问题"。

用"问题串"铺设走向深度认知的路径

几乎所有能够赢得鲜花与掌声的公开课、示范课或者探究课，其教学过程中的起承转合，必然由"问题串"组合而成。无论多么精彩的问题，课堂上临时生成的总是少数。更多的问题，只能来自教学中的精心设计。

教师在组织教学活动时，应该如何设计自己的"问题串"呢？

回答这一问题时，不同的学科，或许会形成不同的答案。最具普适性的"问题串"，总离不开这样一些具体的问题：是什么？怎么样？为什么？还可以怎么样？有没有其他的路径？此类问题中，"是什么"侧重于信息的捕获、提炼与整合，多指向了解性知识；"怎么样"侧重于状态的描述、原理的阐释和功能的介绍，多指向陈述性知识或描述性知识；"为什么"等后三类问题侧重于因果分析、归纳演绎或多元探究，多指向因果分析性知识和全局性理解。一般情况下，高水准的"问题串"应以已知信息的提取、理解和分析为起点，朝向依托已知信息探索未知状态的方向发展，最终指向解决具体的学习问题。

"问题串"的价值，当然在于激活思维，养成主动学习的品质。除此之外，还能够开阔视野，培养辩证分析的能力。因为要形成"问题串"，仅依靠教科书中的知识显然不够。教师在准备"问题串"时，离不开对相关的拓展性内容的设计与挖掘。

　　在课堂教学中，好的"问题串"不但能将整节课的知识有序地串联起来，使其形成应有的体系，而且能将学生、教师与知识有序地串联起来，使学习成为一种真正意义上的合作探究。有了这样的合作探究，学生的学习热情才会持久，学习才会成为一种主动的愿望。要知道，没有一个学生会拒绝成长，拒绝获取知识，很多时候，学生不学习，只是因为他们无法学习。教师不组织他们思考探究，只让他们被动地接纳，那些未经他们思考的知识，便无法真正融入他们的生命中。

　　"问题串"通常应由6～8个问题构成，且一个"问题串"尽量围绕一个主题而设定。有些教师在课堂教学中虽也喜欢提问各种问题，但其所问的问题只指向"是什么"和"怎么样"，而且不属于同一语境或相邻语境，则这些问题无法构成真正的"问题串"，只是一堆低思维含量的碎片化信息。

　　真正让课堂充满思维活力的"问题串"，至少需要这样一些思维台阶——

　　第一级台阶：我所面对的文本是什么？它具有何种独特性？

　　第二级台阶：存在于此文本中的独特的信息，与以往接触过的哪些信息具有相似性或相对性？

　　第三级台阶：在同类信息比对中，我可以提炼出什么样的有价值的内容？

　　第四级台阶：我所提炼的内容，是否经得起验证？

　　第五级台阶：如果将其带入现实生活中，能够解决什么样的问题？

　　第六级台阶：在我所面对的文本呈现的信息之外，还存在着什么样的有价值的信息？

　　此六级台阶，每向上行进一级，便需更高一层级的分析探究。借助于这些追问与探究，学生对相关学习内容的理解才能走出已知、走向未知，形成真实、自主的学习。

用"真问题"打通课内与课外、当下与未来

语文学科中流传过一个"黑色幽默"：

一位教师执教《纪念白求恩》，提问了这样一些问题：文章是在纪念谁？他是哪个国家的人？属于什么党派？多大年龄？他从哪里来到中国？是受谁的委派？他的家乡距离中国有多远？他到中国来做什么？他到达中国的具体时间是何时？他最后怎么样了？……

无需考证是否真有教师如此设计教学问题。这个极端的例子，折射的只是一种不得不关注的教学现象——当课堂只追求表面的活跃而不致力于思维的深度拓展时，"浅问题"和"假问题"便必然充斥教学活动的全过程。"浅问题"和"假问题"不但造成学习时间的浪费，而且容易给学习者带来错觉，使其逐步丧失对学习内容的深度思考和探究。

学习中的"真问题"则是"让学习真正发生"的问题，"真问题"虽然来自教材，但其着力点却始终在于思考和探究。"真问题"的答案绝非简单的"是"或"不是"，它指向的不是文本相关信息的简要归纳，而是打通课内与课外、当下与未来的综合性分析和探究。

"真问题"具有下述特征：

1. 针对性。教学中由教师预设的各种问题，必须具备任务指令的针对性。问题表述须简明扼要，既有明确的内容指向，又具有一定程度的思维开启功能。

2. 概括性。能够对相关学习内容中的某个重要信息进行提炼与概括，用以引导学生对习得的各类已知信息进行归类整合，形成相应的能力。

3. 思辨性。一部分"真问题"能够推动思维朝向广度和深度发展，并最终形成个性化的理解；另一部分"真问题"为思维打开若干扇门，提供若干条可以行走的路径，却未必能够为学习者提供固定的答案。

4. 层次性。教学中的"真问题"从来不会独立存在，而是教学过程的必要组件。好的问题具备承上启下的价值，能帮助学习者回顾旧知、整理

新知、探究未知。

5. 全局性。"真问题"可以瞄准某些具体的知识或技能，但不能完全锁定具体的知识和具体的技能。至少有一部分"真问题"应指向学习中的全局性理解，指向学习内容的生活价值。

依照此五点特征看上面提到的《纪念白求恩》教学中的那些问题，可发现其全不符合这五方面的要求。这些信息在《纪念白求恩》的学习中是否具备特定的生活价值？答案很肯定：具备！只是这些信息的生活价值不在于了解这些具体而零碎的内容，而在于借助这些内容培养学习者信息提炼与分析的能力。比如，教师可以这样设置问题：在文章开篇处，作者从哪几个方面对白求恩进行了简要介绍？为什么只介绍这些信息？这些信息和后文内容有什么样的关联？当学生带着这三个问题研读文本时，需要动用的知识与能力就包含了信息筛选、归类整合、根据表达需要选材组材等三项。这些知识与能力，当下的学业检测需要，未来的终身学习同样需要。

第四节 以"人"的健康成长为核心

善于想象的美国人分别在1977年和2009年拍摄了两部同主题的科幻电影《第三类接触》和《第四类接触》。在这两部影片中，人类与外星人的接触被区分为四个不同的层级：第一类接触体现为非地球飞行器没有影响周围的事物，仅被人类目击；第二类接触体现为非地球飞行器影响到周围的事物，在人类的生存环境中留下了痕迹；第三类接触表现为人类看到并直接接触到非地球飞行器及地球之外的智能生物，并与之形成面对面的交流；第四类接触表现为心灵接触，即人类并未直接看到非地球飞行器及地球之外的智能生物，但它们却透过人类的灵媒（如脑波或清醒状态下的"梦境"等），传递出一些特殊的信息。

用这四种类型的接触解析学习者和学习内容的关系，可发现两者间同样存在着四种不同类型的接触方式：第一类接触为学习者只作为课堂活动的看客，"目击"过学习内容的"出现"，但并未受到它的任何影响；第二类接触为学习者在一定程度上感受到了学习内容的影响，在教材或者笔记本上留下了学习内容的记录痕迹；第三类接触为学习者直接面对学习内容并与之"对话"；第四类接触为学习内容在学习者的有意注意之外，借助特殊的表达方式进入学习者的思维并引起情感共振。此四类接触中，前两类属于以教材为中心，后两类属于以学生为中心；前两类缺乏价值，后两类才是日常教育教学的关注点和着力点。

以之观察我们的课堂，要站稳讲台就必须引导学生建立与学习内容的第三、四类接触。

视角：过去、当下与未来

在日常教学活动中，永恒地存在着一种无法避开的视角错位：教科书中所有的学习内容，均属于前人智慧的结晶，属于过去视角；学习者借助教科书和课堂活动而获取的知识或能力，绝大多数情况下用来解决现实学习中的各种问题，主要是各种作业和各种考试，属于当下视角；教育教学的终极目的，是培养面向未来社会发展需要的各种素养与能力，比如好奇心、探究欲、思辨性、共情意识、悲悯情怀等等，属于未来视角。此三类视角，理论上而言应该始终共存于任何时代的任何学科教学中，实际上却体现为相当数量的课堂只有过去和当下两种视角，极少能够有目的、成体系地落实未来视角下的教育思考、教育主张和教育行动。

只关注过去和当下两种视角的学科教学，往往更容易在以应试成绩为主要评价标准的教育环境中生存发展，但这样的生存与发展绝非真正意义上的站稳了讲台。讲台这个载体，就如一台电视机，既可以播放新闻节目和文艺节目，也可以播放广告。当只追求经济效益时，广告带来的收益便成为衡量节目优劣的唯一标准，但如果只有广告而没有其他节目，则电视机最终必然丧失存在价值。

以下问题值得所有年龄的教师思考：当我们以教师身份开展各样教育教学工作时，除了学科专业知识之外，我们在中学阶段学习的其他学科的各种知识，还有多少依旧能够运用于我们的日常生活？比如，你是一位语文教师，你在中学阶段学习的数学、物理、化学、政治、历史、地理、英语等等，会以什么样的方式参与到你当下的日常生活和常态化的工作中？我们今天面对的一切，相对于我们的中学阶段而言都属于未来。同理，我们今天在讲台上引导学生学习的一切，都是他们未来人生中的过去式，这些学习内容，是否确实能够服务于他们终身发展的需要？

用四类接触方式审视这些思考时，可以发现，指向未来的教学行为必然需要借助于第三类和第四类接触方式，即立足于综合素养的培养而引导学生学会自主学习。此种自主学习，不仅关注应试成绩，而且关注适应未来需要的综合素养，关注隐藏在具体学科学习内容中的好奇心、思辨力、行动力、决策力，关注合作能力、创新能力、应变能力，关注悲悯情怀、尊重意识、包容态度……指向未来的学习，更多关注"人"的健康成长，关注"人"在面对未知世界时的开拓与创造。

教学中，上述所有的关注都不是文字游戏，而是真实的过程，是贯穿学习始终的问题、任务和活动。站稳讲台就是要以这些关注为目标，以指向未来生活价值的问题、任务和活动为抓手，立足当下的课堂，从各类已知信息中提炼并形成为未来人生服务的新信息、新技能、新理念、新思维。

价值：已知、当知与未知

在学校教育中，存在着截然对立的两种价值取向：一种是以分数为核心，另一种是以"人"的健康成长为核心。

以分数为核心时，不考的内容便不教，不属于应试必备能力的其他能力便不训练。为了获取尽可能高的分数，学校往往尽最大可能压缩学生的休息时间和娱乐时间，教师往往尽可能多地抢占学生的学习时间，学生往往尽可能多地完成各种类型的作业，家长往往尽可能多地安排学生参加各类辅导班。

以"人"的健康成长为核心时，则以分数为核心而采取的一切行动均无价值。所有有利于开启思维、激活好奇心、提升应对生活的技能、陶冶高尚情操的内容皆可纳入学习范围之内；所有有利于身心健康发展、有利于培养良好的合作习惯、有利于培养创造力的活动皆可成为课堂教学的应有方式。教师应能够在教学中感受到思考、发现与创新的快乐，学生应能够在学习中获得知识、能力、情感、思想与道德的丰盈。

如果分别用一个字来标注这两种价值取向，则以分数为核心的关键字是"累"，以"人"的健康成长为核心的关键词是"乐"。前者的"累"串联着学生、教师、家长、学校和整个社会，形成群体性的焦躁；后者的"乐"既关乎当下的学习状态、生存状态，又关乎未来社会的发展状态。

真正意义上的站稳讲台，指向以"乐教""乐学"为关键词的"人"

的健康成长。学生需要健康成长，教师也需要健康成长。只有师生双方都以一种饱满的精神状态愉快地探究相关学习内容时，学习才会真正发生。

能够带来审美愉悦、促进学习真正发生的"相关学习内容"，包含已知、当知和未知三大类型。教师引导学生学习各类已知信息时，应注重培养信息筛选能力、提炼整合能力和生活应用能力。学习各种应该掌握的知识时，须强化自主思考、多元分析、合作探究、灵活应用等能力。探究各类未知知识时，则须致力于培养信息检索能力、因果分析能力、归纳演绎能力，须努力激活好奇心、探究欲和行动力。教师在面对特定教材时，要能够思考并辨析"什么知识才是值得学习的"，决不能只将讲台当作已知信息的传声筒。

在我读小学至高中的十多年间，绝大多数的语文课都是在正音正字、简介作者和时代背景、划分课文层次、归纳段意、概括中心思想中度过。能够留下清晰记忆的语文教师只有三位。两位是小学时的语文教师，喜欢在课堂上讲故事；一位是高一时的语文教师，喜欢吟唱文言文。置身于40年后的今天回望当年的语文学习，我觉得真正作用于我的健康成长的只有这三位语文老师的语文课。故事和吟唱，从应试的角度而言全无价值，但它能够激活学习者的兴趣，使其感受到语文的美好。而那些生字词、段意和中心思想，虽与考试紧密相关，却对走出校园后的生活不构成任何帮助。

在常态化的教学活动中，很多看似重要的东西其实并不重要。前几年我受邀做某个赛事的评委，发现三分之二的参赛教师在执教朱自清的《春》时，将教学重点落在"春草图""春花图""春风图""春雨图""迎春图"的概括与鉴赏之上。我在30多年前刚参加工作时，也是这样设计教学流程和重难点的。我便思考，30多年间社会已经发生了翻天覆地的变化，为什么我们的语文教学始终没有变？30多年前，没有网络，也没有什么教辅资料，学生只依靠课文而学习，教师引导学生由具体的景物描绘而提炼关键词，尚可理解为培养学生的概括能力。30多年后的当下，这些概括在同步教辅资料或者网络资源中随处可见，只要课前稍作预习便已经知晓，教师还用一节课来组织学习活动，其价值何在？想来答案只有一个,就是这些教师都认为这类知识很重要,必须告知学生。事实却是它们一点也不重要。

如果我们这样思考,得出的结论和采取的方法或许就截然不同:我们今天在讲台上传递给学生的,30年后、60年后,有哪些还会伴随着他们?30年后、60年后的生活是未知的,为了这未知的生活,我们今天应该为其作出什么样的准备?这样思考时,教育才能走出以分数为核心的怪圈,走向以"人"的健康成长为核心的正确轨道。

方法:告知、植入与浸润

站在今天的讲台上眺望未来数十年间的社会发展与变化时,身为教师的我们应该思考,那时的社会需要它的公民具备哪些基本素养,又需要具备哪些专业素养?这个问题的答案,在2017年版的《普通高中课程方案》中已有明确的表述:"具有理想信念和社会责任感,具有科学文化素养和终身学习能力,具有自主发展能力和沟通合作能力。"此三项培养目标——终身学习能力、自主发展能力和沟通合作能力,均无法通过第一、二类接触而获得,即使是第三、四类接触,也需要舍弃线性的、平面化的接触方式,努力建构网络化、立体化的接触环境。

在当下,要想站稳讲台,绝非容易的事。比如当下各学科教学均强调的"进一步精选学科内容,重视以大概念为核心,使课程内容结构化,以主题为引领,使课程内容情境化,促进学科核心素养的落实",就近乎彻底颠覆了传统的课堂教学形态。大概念是什么?大概念从何处形成,又如何打造结构化的课程内容?大单元教学中如何合理创设教学情境?面对这些教学新思维和新方法,教师只有自觉成为终身学习者,始终以积极的心态和坚实的行动持久探索、持久发现、持久创新,才能把握教育的大方向,掌握教学的新方法。

教学未必需要新名词,但必须拥有新思维、新理念和新方法。梳理当下的各种类型的课堂教学行为可以发现,为数不少的课堂并不具备新气象,而是仍旧沿袭以教师为主角的单向知识传授的教学模式。此类型的课堂，所有的知识均由教师直接告知，学生无需主动发现，亦无需自主探究。学生与所学知识间的关系，只停留在第一、二类接触。这样的教师，就算能够将教材中的所有知识点都讲析得无比透彻，也算不得真正意义上的站稳讲台。

在以学生为主角的教学模式中，教师的作用相当于道路、桥梁或者电梯。此种模式下，学生与所学知识间的关系，以第三、四类接触为主。教师一方面可以利用自身的专业优势，为两类接触的实现提供必要的路径；另一方面也可以直接参与到这两类接触中，或以学生的身份与课程内容对话，或以课程内容代言人的身份与学生对话，或单纯以点拨者的身份与学生和课程内容进行三方对话。无论教师持有何种身份，其价值都在于创设特定的学习情境，让学习真正发生，而不是越俎代庖，用自身的认知与理解取代学生的思考、感悟和发现。

当学生借助教师的引领而与课程内容形成第三类接触时，教师的最重要教学功能是植入情境、植入任务、植入活动。植入情境发生于课堂教学开始之前，植入任务、植入活动发生于课堂教学过程之中。有了适宜的情境，学生才能够运用各种已知信息而探究特定的任务；有了特定的任务，学生才拥有自主探究的方向与目标，才会想方设法寻找完成任务的具体方法；有了具体的活动，学生才能够让静态化的知识转换成动态性的能力，才能让今天的学习成果拥有服务未来的生活价值。

只有优秀的教师才有能力引导学生与课程内容发生第四类接触。第四类接触发生时，学生对所需学习的内容并未形成有意注意，教师亦未刻意强调相关的课程内容，而是隐身至所需学习的课程内容之外，充当能够"传递出一些特殊的信息"的"人类的灵媒"。此种学习模式下，教师只是将学生引入与课程内容的接触中，然后静候其探究和发现，只有在学生的思维出现阻滞或者偏差时，才用最精要的问题将其打通。在学习的第四类接触中，教师以"无为"之态，助推学生实现"有为而治"。

第四章 在『折腾』中成长

如果生活中的每一天都注定只是前一天的简单复制,则这样的生活一定不值得憧憬。事实上,从来没有哪一个今天,会和刚刚消逝的昨天一模一样,也不会有哪一个明天,会机械重复今天的一切。哲学教材中所说的"人不能两次踏进同一条河流""太阳每天都是新的",就是倡导从"变"的视角审视并鉴赏这个世界。

教育也是河流和太阳。教育的河流与太阳,同样处于永不停歇的变化中。从表面上看,每一个教师每天都在备课、授课、批改作业、与学生谈心,但每一天所备之课、所授之内容、批阅的作业、交流的学生及聊天内容均不相同。教育的滋味正在于透过这些看似相同的表象而感悟内在的差异,唯有将每天面对的人、物、事都视作一份崭新的存在,才能始终以好奇之心观察、研读、探究,才能不断收获探索中的兴奋、发现时的喜悦、顿悟处的欢欣,以及目标达成时的幸福。

缺乏好奇心和探究欲的教师,往往无视了昨天、今天和明天的差异,眼中无风景,心中无情怀。究其根源,在于其关注的往往不是鲜活的"人",而是静态的教学内容。这类型的教师笃信自身的知识积淀足以应对中小学教学中的那点儿课程内容,不愿意投入精力钻研教法、研究学情,不愿意借助主动的"折腾"而创造每一个全新的今天。

优秀的教师则截然相反。优秀的教师除了善于观察、善于发现、善于思考、善于探索,还善于创造、善于开拓、善于"自找麻烦"、善于"自寻烦恼"、善于自我"折腾"。优秀教师总会主动寻找更巧妙的方法组织教学活动,总会努力经营课堂,使其既富有趣味又富有思维的挑战性。优秀教师还会时刻警醒自身脱离工作的"舒适区",通过持久地阅读、持久地实践、持久地反思和持久地专业写作而逼迫着自身不断提高、不断丰富、不断完善。

此外,优秀教师还会乐于走出校园、走进社会。优秀的教师舍得投入时间、精力和财富,去广泛接触社会,服务他人,了解世间万象。优秀教师总是一边"折腾"一边成长。这样做教师,才真正称得上"有滋有味"。

第一节　给每一天作个注释

无论你的教龄是多少，当你回望已然逝去的教学经历时，能够留存在记忆中的故事总是少而又少，更不用说相当长的一段时间内每一天中的所作所为。毕竟，太多的日子并无特别的意义，不过是岁月延续的一个必要组件。

但也有一些日子注定成为记忆中的特例：比如你历尽艰辛终于在全国性的舞台上执教了一节展示课，获得了大奖；又如你第一次长途跋涉，到千里之外的某地作了一场精彩的讲座；再如你评上了特级教师，并在当年的教师节披红挂彩地接受政府的表彰；或者是某一天你经历了职业生涯中最大的挫败；或者是你因为某个人、某件事的刺激，顿悟了教育教学的真谛……

能够留下印痕的这些日子，一定与"折腾"紧密相关，要么是你在主动"折腾"，要么是你在被动接受"折腾"。"折腾"就是教师职业生涯中无法避免的"波澜"，如果数十年的教学经历是一篇记叙文，"折腾"就是其写作过程中的"尺水兴波"，就是打破庸常的精彩细节。

每一份"折腾"，都是你为生活作出的一个独特注释。无论其释义有多少条目，其本义都是不甘平庸。

为教学作注释，见证发展

班级中的一个女生在随笔本上感叹："既然医生的医术有强弱之分，警察的破案能力有高下之差，演员的表演才能有云壤之别，那么我们整天面对的教师也注定存在好与坏的差异。什么样的教师才是好教师，什么样的教师是差教师甚至是坏教师呢？我认为……"

这个女生归纳出的好教师、差教师与坏教师的区分标准，带有极为明显的应试教育的痕迹，而且过于感性化，此处不作引用。之所以摘录前面这两句话，只是想告诉我的教师同行一个客观事实：教师和其他职业一样，不同的个体间必然存在着差异。如果只以"折腾"作为评价教师优劣的唯一标准，则一定体现为优秀教师"折腾"自己，平庸教师"折腾"他人。

优秀教师通常会采用什么样的方法"折腾"自己的课堂教学？

我在近40年的教学生涯中接触过数百位特级教师。这些教师在学科教学中的最大特点，就是时刻保持对新事物的强烈好奇心和探究欲。每当他们了解到一种新的教学理念或者新的教学方法时，就会立刻投入时间和精力深入钻研。也正因为如此，他们的教学永远具有超前意识，永远走在国家层面的全局性课程改革的前面。

在学习这些优秀教师的同时，我也尝试着不停歇地"折腾"我的课堂教学。当大多数同行以"满堂灌"的方式传授相关知识时，我开始将学习内容分项制作成不同难度的"签"，以四人为一个合作学习小组，合作探究抽到的学习任务。当"启发式"教学大行其道时，我让学生将教材内容改编成课本剧，在课堂上表演。当"工具性"与"人文性"之争热火朝大时，我开始尝试在一节课中引入大量的文本，开展群文互读互释。当"主题教学"风靡之时，我开始致力于教学内容课程属性的探究，提出了"丈量文本宽度，营造课堂温度，拓展思维深度"的"三度语文"教学主张。当"群文阅读"渐成时尚之际，我开始反思"建群"的内在逻辑，开始琢磨单一文本内部各学习内容间的群文教学策略……如果将我的这些"折腾"进行归纳提炼，我以为要点只有一个：不做潮流的追随者，而做潮前的探路人。

2021年末，我在学校策划了一个有趣的活动：互换课堂。我安排一位语文教师执教思想品德课，又安排一位思想品德教师执教语文课。想一想，这样的互换课堂该是多么奇妙、多么富有趣味。借助于这样的"折腾"，才能发现某一学科中视为珍宝的那些重点知识，在另一个学科教师的眼中或许全无价值。

"折腾"的本质是什么？不就是要不断掂量正在做的这些事儿是否有价值，不就是要不断寻找最理想的存在方式和表达技巧吗？

借助于这样的"折腾"，教师的职业生涯中才会留下一个个内涵丰富、表意清晰的注释。这些注释，既见证着教师自身的专业发展，也见证着国家层面的宏观性课程改革的方向与步伐。

为思想作注释，自我加压

在我的专业发展过程中，经历过三次思想"清零"。第一次是清空大脑中的单纯应试思维，代之以"生命在场"的教学意识；第二次是清空大脑中的"我即课程"的虚妄认知，代之以体系化的课程内容建构；第三次是清空大脑中的"用教材教"的"教师中心"观，代之以"用教材学"的"学生中心"观。

没有任何的外部力量要求我这样做。我之所以"自寻烦恼"，是因为时代在飞速发展，教育教学必须加快脚步追赶，决不能裹足不前，抱残守缺。此外，还有一份强烈的好奇心在作祟。我总想知道换一种方式是否更加美好，于是便去改变，便去"折腾"。

从世俗的成功学的角度而言，"折腾"便难免遭遇失败，或者是很长一段时间内难以获得可量化的效益。比如，当我强化学科教学中的生命意识时，便将很大的精力投入到对学习者人生观、幸福观等着眼于未来的能力、情感与思想的培养中，也就必然放弃抢占时间和布置大量的作业等行为。如此，短时间内的应试成绩便不理想，便会听到各种冷嘲热讽，甚至会被某些教学管理人员视作花拳绣腿、不务正业。

短时间内的失败其实并不重要。成长从来都不是百米冲刺，而是一场马拉松。不输在起跑线上，终究不及收获一个丰盈的过程和精彩的结尾。教育需要的，是正确的理想信念和社会责任感，是必要的科学文化素养和终身学习能力、自主发展能力、沟通合作能力，这些都不来自题海战术，也都不来自以损伤身心健康发展为代价的所谓成功。

在不停歇的"折腾"中，我们可以听到自己的思想拔节生长的声音。

此种声音，总是和外部世界的发展相呼应，和未来社会对人的综合能力的需要相呼应。身为教师，我们固然不是超人和完人，却可以始终做一个追梦人，追逐最理想的教学方式，追求最美好的成长样态，追赶最切合生命发展规律的新理论、新探索。要想梦想成真，必须永不停歇地"折腾"。

我与中年教师或老年教师闲聊时，常谈及两个悲哀的事实。

事实之一：为数众多的年轻教师在刚刚踏上三尺讲台时，其课堂大多充满了灵性和活力。但过了三五年，甚至只过了一年、一个学期，其教学便开始循规蹈矩，开始只瞄准考试这一目标。再看他们的课堂，早已"泯然众人矣"。

事实之二：与课堂变化相对应，当新教师在讲台上依照自身对教育的最美好憧憬而组织教学活动时，这些年轻的生命总是无法遏止地散发着青春的亮丽色彩；当其全身心投入到抓分数的辛苦劳作之后，他们脸上那份圣洁的光泽便日渐消失了，他们的服饰也日渐走向了端庄严谨。

但总有一些另类存在着。那些扬名全国的教师，哪个不朝气蓬勃？很多教师在观摩名师的示范教学之后感慨："教了这么多年的书，我为什么从来没想到过如此设计教学流程？"没想到过其实很正常，因为大多数教师不爱"折腾"。唯有终日磨砺思想的人，才会永远追求一份教育教学的新鲜感受，才会始终以一份强烈的好奇心和探究欲，热烈且极有耐心地钻研教育教学中的每一个细节。爱"折腾"的教师，必然是爱学习、爱思考、爱标新立异、爱特立独行的人。这样的教师，就算是已经年过八旬，依旧是灵魂没有一缕皱纹、思想没有一根白发。

为成长作注释，不断突破

在前面的文字中，我不断提及"好奇心"和"探究欲"这两个词汇。我以为，一个爱"折腾"的人，往往拥有一颗难得的好奇心和强烈的探究欲。

教师的好奇心和探究欲存在于所授课程内容之中。在当下，大概念、大单元、大情境、驱动性任务、课程内容结构化等概念犹如一座座充满了神秘宝藏的高山，期待着所有教师前往探宝，但真正能够付诸具体行动的人却少而又少，为数众多的教师习惯于依照固定的思维路径行走，并不具备主动探求的好奇意识和探究能力。

即使是置身于最常态的教学活动中，教师也应该时刻拥有强烈的好奇心和探究欲。比如，我在执教相当数量的文学作品时，时常会对其中的某一种背景介绍或者某一种解读产生质疑，便去查阅各种资料，希望能够理顺内在的事理。很多时候，为了一个与应试全无半点关联的信息，我会检索数十本期刊或者著作，阅读数十万字的文献。我这样做，没有任何的功利性目的，完全是出于爱"折腾"的天性。因为爱"折腾"，便不能忍受将一知半解的信息机械地传递给学生。

身为一线教师，必须明白一个最简单的道理：教育是为未来社会培养合格公民，未来社会的真实需要，才是当下教育最重要的焦点。既然所处的社会处于永不停歇的发展之中，为其服务的教育也必须永不停歇地发展。教育由无数个教师酿就，唯有教师在发展，教育才能发展。

做教师的30多年间，我很少能够从未来的视角审视正在从事的这份工作。当我思考这个问题时，依旧很难想象20年、40年、60年之后的社会需要它的公民具备哪些基本素养和专业素养。但有一些东西是肯定的，比如阅读能力、表达能力、理解能力、信息化技术的应用能力、人际交往能力、团队协作能力、领导能力等等。这诸多的能力，如何才能落实到今天的课堂教学之中呢？思考和探究这一问题时，每向前多迈进一步，距离优秀教师便更近一步。

我在《青年教师的心灵成长之旅》这本书中，将教师区分为六种类型：浪漫型、幻灭型、熟练型、骨干型、专家型、卓越型。此六种类型，在一定程度上具有时间的渐进性。一般而言，新教师大多带着一份强烈的职业憧憬而走上讲台，其对教育教学的理解以浪漫为主。工作一定时间后，现实中的各种打击又会让一部分教师形成职业的幻灭感。再经过一段时间的打磨，绝大多数教师适应了常态化的课堂教学，能够轻松应对教育教学中出现的各种问题，成为一名熟练型教师。此后，熟练型教师中的一部分人开始潜心钻研教育教学技艺，有目的地提升自身的专业素养，成长为骨干教师。骨干教师中的一部分人站在更高的发展平台上眺望教育的未来，潜心钻研教育教学理论，著书立说，形成自己的教育教学主张，成长为专家型教师。专家型教师中的一部分人又在更大的发展平台上持久性地钻研教育教学，并在研究中剥离一切的物质附加，只以纯粹的热爱乐此不疲地"折腾"，最终成为卓越教师。

在现实的教育生活中，近半数的教师，终其一生只能走过前三个成长阶段。止步于熟练型教师的悲剧在于，或许工作第五年时拥有的教育教学能力，胜过此后30余年间的任何一个阶段。究其原因，只在于放弃了"折腾"，放弃了成长。

为生命作注释，追求卓越

最值得憧憬的生活，是清晨睁开双眼之后，便发现有一份新奇和精彩等候着我。

我在2013年时，参与创建了一个全国性公益教育团队，以"走进乡村，点燃激情，播种理想，成就教师"为宗旨，开展面向全国各地乡村学校的志愿培训活动。这些年来，借助于这个活动平台，我为20多个省份的教师开设了数百场的示范课或主题讲座。做这些事情，大多利用的是法定休息日或者寒暑假。

时常是这样一种节奏：周五晚间抵达车站或机场，周六全天开展活动，周日返回。也有一些时候，周五晚间出发，周六全天活动，周六晚间再出发，周日全天活动，周日晚间返回。印象最深的是2014年暑假，白天在重庆涪陵参加了一天的活动，晚间9点多乘车去重庆，第二天早晨5点多又起身去机场，中午11点到达杭州，然后乘坐大巴车前往丽水市庆元县。当我到达庆元县时，已接近午夜。休息了几个小时后，紧接着又是半天的活动。下午，乘车返回杭州，至杭州又是深夜，无暇观赏万家灯火的天堂，美美地睡上一觉，下一天的上午又是一场三个多小时的主题讲座⋯⋯

不爱"折腾"的教师，看这样的叙述都会觉得疲惫不堪，而我累并快乐着。四处奔波的每一个日子，我都视为生命的一个独特注释。因为这些注释的存在，我得以和天南海北的教育同仁共同思考、共同探究、共同发展。生命因此而日渐丰盈。

我在行走各地的过程中，接触到很多同行。几乎每次开设示范课或主题讲座之后，都有一些人到中年的同行和我交流，一方面表示对我的敬意，另一方面陈述自身的各种无奈。他们所说的无奈，概括起来主要有四点：工作负担太重，没有时间静下心来读书和写作；所处的环境过于闭塞，无法接触到新的理论、新的思想、新的方法；缺乏榜样教师的示范引领，虽有心成长但无足够的推动力；地方评价机制畸形，不提倡甚至想方设法打压喜爱"折腾"的教师。

我理解这些无奈，但并不承认其合理性。毕竟，我所接触到的绝大多数优秀教师，也都身处教学一线，工作负担并不比别人轻。为数众多的名教师也都是以偏远的乡村学校为职业生涯的起点，也都很难在小圈子里拥有一位出类拔萃的领军型榜样教师，其面对的地方教育评价机制也大都不够公允合理，但他们还是成了教师队伍中的精英。事实上，形成专业发展差异的根本原因并不在于外部环境，而在于内在的成长动力。只要从灵魂深处激活强烈的成长渴望，并将这种渴望转换为持久的行动，就一定能够用自身的努力改变环境。人与环境间的关系，要么是人被动接受环境的影响，要么是人主动影响并改变环境。

受多方面因素的制约，大多数教师难以如我这般四处走动，但这并不影响他们用独特的行动为生命作注释。比如，行不了万里路时，是否可以选择读万卷书？没有机会到遥远的省份行走时，是否乐意参加邻近省市的各种教研活动？即使受制于主客观因素的综合制约，只能终日厮守在校园中，是否可以争取一切公开课的机会？是否可以将每一节家常课都经营成公开课？在教育的土地上，热爱"折腾"的生命总能够发现一份值得期待的播种，也总能够拥有一份值得付出情感和精力的耕耘与收获。

第二节 正视我们的失败与无能

台湾作家张晓风在散文《有些人》中讲述了这样一个故事：

……永远记得某个下午的作文课，一位同学举手问她"挖"字该怎么写，她想了一下，说："这个字我不会写，你们谁会？"

我兴奋地站起来，跑到黑板前写下了那个字。

那天，放学的时候，当同学们齐声向她说"再见"的时候，她向全班同学说：

"我真高兴，我今天多学会了一个字，我要谢谢这位同学。"

我立刻快乐得有如胁下生翅一般——我生平似乎再没有出现那么自豪的时刻。

那以后，我遇见无数学者，他们尊严而高贵，似乎无所不知。但他们教给我的，远不及那个女老师多。她的谦逊，她对人不吝惜的称赞，使我突然间长大了。

如果她不会写"挖"字，那又何妨，她已挖掘出一个小女孩心中宝贵的自信。

阅读这个故事时，你想到的是什么？

或许，你会上纲上线地认为这是一起教学事故；或许，你会认为这个老师基本功不扎实，备课不认真；或许，你会认为这个老师有点儿教学机智，在遇到自己解答不了的问题时，懂得将难题转移给学生；或许，你会认为这个老师很有教育情怀，懂得利用课堂上临时生成的教育资源，帮助学生树立自信心……

不同评判的背后必然存在着不同的价值主张，而这不同的价值主张，就是作出评判者对教育教学的真实态度。

教师不会写某个字很可怕吗？中国有近十万个汉字，能写对其中的十分之一者，已属凤毛麟角。绝大多数人只不过能够熟练使用三千个汉字。

你或许会说，"挖"就是"绝大多数人"都能够熟练使用的三千个汉字之一。作为一名接受过专门训练的语文教师，不应该不会写这个字。这样的说法当然有道理。且不论这位老师是否是出于教学的需要而故意预设了此项活动内容，即使是她果真突然间忘记了这个字的写法，也是再正常不过的一件事。生活中，谁又没有思维突然间短路的时候？

类似的事情在日常教学中绝非偶见。数学教师在解答某道数学题时突然卡了壳，英语教师忘记了某个词汇的具体释义，化学教师未能依照教材上的操作程序顺利完成某个实验项目，语文教师对某首唐诗的解读和《唐诗鉴赏辞典》中的大相径庭，政治教师无法用最合理的阐释解释清楚某种社会现象……教师们在面对本学科的相关知识时尚且存在诸多的忘却、未知或错误，更不用说跨学科知识和教学之外的其他知识。

然而，相当数量的教师遇到自己无法解决的问题时缺乏坦然告知学生的勇气。我读中学时，一位数学教师在黑板上演算几何证明题时作错了辅助线，写了满黑板的证明内容，依旧无法得出正确的结论，最后很"机智"地告诉我们，这样证明就错了。至于如何证明才是正确的，最终不了了之。我做教师后，在听课、评课以及日常教研中遭遇的不能理性对待自身失败与无能的同行也为数不少。总有一些教师习惯于依据答案而解释相关文本，而不是依据文本而研究答案。有时，明明是一个错误的答案，也会被找出无数的理由来证明其正确。

不愿意正视失败与无能，表面上是面子问题，本质上却是威权意识作祟。这类教师未能将自身视作一名终身学习者，而是以全知全能者自居，其结果只能是自欺欺人。

正视知识欠缺，激活内驱力

身为教师，我们永远不可能完全理解人类的所有知识，就算是很多的常识性问题，也往往只是粗知皮毛，很难应对试卷中、课本内、课堂上无限丰富的信息。

所以，在日常教学中遭遇各种未曾涉猎的问题，或者只是暂时性忘却了某些常识性的知识，都丝毫不值得大惊小怪。任何类型的教师都不是无所不能的"上帝"，其中的优秀者只不过是善于理性对待自身的欠缺，然后用持久的学习弥补。优秀教师必然是终身学习者。

在现实的生活情境中，大多数教师愿意承认自身知识的不完备和相关能力的缺乏。只是，当他们面对自己的学生时，便多了一份顾虑，总是想方设法将自身不完美的地方藏匿起来，努力把自己装扮成全知全能的智者。还有少部分教师动辄以"绝对真理"的身份自居，从不愿意在公众场合下承认自己的失误、错误或"无能"。比如，有人面对学生提出的疑难问题无法解答时，不是坦然地告诉学生，这个问题自己现在解决不了，需要回去查找资料进行深入研究，而是或以一句"这个问题不在考试范围之内，不要研究"搪塞过去，或东扯西拉、不知所云地说一堆所谓的思路和方法，就是不解答具体的问题。此类型的教师在业务研讨时也往往习惯于轻率表达、下结论、固执己见，极难听取他人的不同意见。这样的教师，其专业发展之路注定不会无限遥远，充其量只能成为一名熟练型教师，无法成为学者型教师。

优秀教师从来不会这样对待成长中遭逢的挫败或欠缺。

两年前，我听一位只有四年教龄的徒弟的课。那天，她执教归有光的《项脊轩志》。在教学过程中，为了引导学生品读出隐藏在文字背后的复杂情感，她利用PPT展示了归有光的生平事迹。她说，归有光一生追求通过科举而考取功名，却大半生蹉跎。正因为科举之路的极端坎坷，他才会在念及祖母的殷切期盼时"长号不自禁"。

课后，我向她提出了两个问题："19岁的归有光，怎么会预知他此后的几十年都科考不中？同样是追忆逝去的亲人，为什么念及母亲和祖母时直言其悲痛，哀悼亡妻时却没有一句直抒胸臆的话语？"

我这两个问题，把徒弟臊得满脸通红。

一段时间后，徒弟兴冲冲地跑来告诉我，说是一篇论文发表了。询问后得知，她因为我提出的两个问题而发现了自身教学中存在的一些错误，便开始探究病因，寻找破解之法。她将自己的思考与探究推及所有的文学作品的教学，由一次失败的教学延伸出去，进而归结出共性化的价值认知，写成了《"知人论世"的误区及其运用策略》。

经此一事，我便认定这个徒弟属于可造之材。

这个故事中包含了哪些成长经验呢？

其一，受多种因素的影响，几乎所有的教师都会在教学中出现各种类型的认知欠缺。如果有人能够指出这些欠缺，或者自己意识到了这些欠缺，优秀者便能够以之为研究对象，就此开展微专题探究，不但将暴露出的问题解决掉，而且由此及彼地解决若干类似的问题。

其二，优秀者皆有羞耻心，也都有好奇心和探究欲。当其遇到某个应该知晓却并未知晓的知识时，乐于耗费大量的时间去做纵深研究。这样的研究通常没有任何的功利性目的，仅仅是因为好奇，因为想要拨开认知的迷雾，了解问题的真相。

其三，优秀者不但致力于解决自身的认知欠缺问题，而且渴望将自身的思考与探究提供给他人，用以引起群体性的警觉。为了达成这样的目的，优秀者乐于将思考与研究成果形成文字，分享给他人。

此三点即优秀者具有强烈的成长内驱力。

远离陈旧经验，追寻新方法

日常教学中的诸多欠缺与挫败，缘自既有经验对教师教学能力的束缚。

从学科教学的角度看，课程结构在不断变化，教学理念在不断更新，信息化的教学辅助手段更是跨越式发展，教育者如果无视这些变革，只依照老经验应对新问题，失败便在所难免。

从学习者获取知识的路径看，各学科中所有的静态化的知识，均可借助相关的教辅资料或互联网获取，半数以上的学科能力训练点，也可以借助网络视频资源而训练落实，拥有较强自学能力的学习者在完成学习内容的自主研修后，其发现的问题、产生的困惑往往超越了教师在备课中的预设。在此种情况下，教师往往很难及时解答学生提出的问题。

从未来社会对学习者的要求看，学习者渴望拥有的是为未来生活奠基的理解力、行动力、思辨力，是能够适应社会生活需要的伦理道德观念，是发现机会并运用机会开创灿烂人生的综合素养。这些指向未来的能力，与指向过去的陈旧经验之间存在着无法调和的矛盾。以既有经验应对未来需要，注定难以胜任。

此三方面因素决定了教师必须始终做一个弄潮儿，而不是旁观者，更不应成为"躺平"者。受生理因素的制约，进入中年之后的教师在接受新事物的能力上已开始呈现退化状态，就算是竭尽全力地学习，很大程度上也跟不上年轻人。如果再有所懈怠，甚至直接放弃了专业发展上的自我"折腾"，便只能收获越来越多的失败。

教育是一种必须不断"清零"的工作。教育教学中的绝大多数经验，只有在特定时间、特定场景下才能发挥作用。事实上，形成经验的时间和场景，在高速发展的时代中几乎不存在可复制性。除了现代信息技术带来的外在环境变化，更重要的是当下以及未来的学习者自主学习的路径和方法已趋于无限多样化。对当下以及未来的学习者而言，教师既不再是知识的权威，也不再是获取知识的最重要路径，仅是特定成长阶段的特殊"陪跑者"。

此种身份定位并非完全否定教师的引领价值，而是为了强调教育过程中的"去经验化"。教师既不能用自己读书时的经验来要求当下的学生，也不能用以前的学生的学习状态来要求当下的学生。在恒定的发展变化之中，教师只有不断清空思想认知中的所谓经验，才能始终以学习者和思考者的身份研究当下的教学、当下的学生。

植根教育理性，换位看失败

如果我们能视失败为难得的成长资源，则不但可以正视我们遭遇的各种失败，而且会主动寻找失败、预设失败。

我在教学中有一个习惯：不复制过去的教学设计。因为这个习惯，我在接受各地的授课邀请时总是任由邀请方根据教学进度或活动主题需要自由"点课"，绝不会凭借一两节精雕细琢的课走遍全国。我这样做，难免遭遇失败，却又始终充满了新鲜感和挑战性。在我的潜意识中，重复一百次的成功，只等同于一次成功。如果面对100次的新挑战，哪怕失败了50次，也还拥有50次的成功。当然，面对每一次挑战，皆不是随心所欲地自由发挥，而是尽最大可能贴近教育教学的发展要求和特定的学情要求。

我十多年前写过一篇文章，回望了自己六次执教《沁园春·长沙》的经历。现在，这篇课文又经历了三轮的教学，依旧是每一次教都希望折腾出一些全新的东西。九次教学同一篇课文，每一次教学中都注定留下一些遗憾，又都注定收获一些新的感悟和新的成功。

在前面的文字中，我曾举过《春》的教学的例子。今天的大多数教师依旧沿袭30年前甚至50年前的教学设计时，我认为这绝不是正常现象。此种沿袭，仅仅是教师一厢情愿地认为这些静态化的信息很重要，绝非教学以及成长应有的姿态。

教育与教学均为变量，且应与科技发展速度同步。农耕文明的两千余年间，科技极少发展，教育也基本维持在不变的形态之下。进入信息文明的几十年间，社会以一日千里的速度朝向未来奔驰，教育也经历了一轮又一轮的改革。面对如此巨变，教师只有不畏惧失败，才能不断变革自身的教学方式和教育理念，积极探索能够适应时代的新教法。

以当下的课程改革为例，学科大概念、课程内容结构化、主题、情境、任务群教学、大单元教学等诸多概念与主张，皆为往昔教学不曾拥有的新事物。当下的学生在20年后所需面对的生活，将以信息文明为依托，是当下社会不曾拥有的全新生活样式。时代赋予教育教学以全新的背景、全新的内容、全新的方法和全新的要求，中老年教师在年轻时所学的那些知识已注定无法与之相适应，即使是刚走出高校大门的新教师也未必能够适应这些新内容。教师和学生在教科书中的那些静态化的知识信息储备方面存在一定程度的差异，而在应对教科书内容之外的信息技术方面，在对外部社会层出不穷的高科技产品的理解与运用方面，在创新思维方面，年轻的学生或许更占优势。如此，教师在日常教育教学活动中所需面对的失败必将越来越多。

我们该如何直面必将面临的诸多失败呢？

首先，至关重要的一点，是终身学习。知道自身的短板却不去修补，短板只会越来越短。既然失败无法避免，那就先行查漏补缺，在可以预知的范围内，用自主学习筑牢自身知识与能力的篱笆墙。仅从专业阅读的角度而言，就既要阅读学科本体性的新知识、新成果，又要阅读跨学科的多方面科技成果，还要阅读教育学心理学领域的最新理论。只有阅读视野足够广阔，储备的知识信息才能相对丰富，才能有效应对日常教学中的各类通识性问题。

其次，在备课时既要多问一些"为什么"，又要能咬住一个问题穷追到底。失败虽在所难免，但备课越充分，遭遇的失败便越少。在当下教育情境中，教师备课不必过分关注静态的知识信息，应侧重于通过开放性的问题引导学生检索资料，形成疑问，自主思考，合作探究。

再次，在教学过程中遭遇未知的内容时，要勇于承认自身的无能，然后组织学生一起探究。探究无果时，再利用课余时间查阅资料或咨询相关专家，力求在第二天的课程开始前弄懂。倘若涉及的知识过于专业，超过了绝大多数学生的学习需要与理解能力，则教师只需引导问题的提问者学习检索信息和归纳提炼的常态性方法，由问题的提问者自己去开展深度钻研。

第三节　让教科研像呼吸一样自然

一切有关教育教学的有益思考和积极探索，都属于教科研。

教师的专业成长，与其拥有的教科研质态紧密相关。有些教师的教科研，只停留在对教学过程中偶遇的各类碎片化信息的浅层次思考与探究层面，未能通过联系、对比、归纳、提炼、迁移等过程展开有深度、成体系的研究，其教科研便只属于业余水平。优秀教师的教科研，则大多具备思、研、读、写一体的特征：先是从日常工作中发现问题，形成思考；然后围绕该问题展开系统性研究；接着查阅大量的信息资料，阅读大量的理论书籍，提升思维品质与思辨力；最后用论文的方式将所做的各种研究表达出来，供他人学习或批判。

影响教师教科研质态的因素或许很多，其中个体的成长欲望居于绝对主导的位置。处于第二位的，是成长环境。两者间，前者为内因，取决于促进教科研行为产生以及持续性发展的情感诉求和精神动力；后者为外因，受制于特定时空下的群体性价值取向和评价标准。

在日常的教育教学生活中，一位教师要想全面提升自己的教科研能力，必须处理好上述两方面的问题。解决问题的关键，既在于想方设法激发自身专业发展过程中的进取心，满足自身专业发展过程中的荣誉感、成就感，又在于追寻并用自己的力量积极创设良好的成长环境，形成小范围内相对浓郁的教科研氛围。唯有两手皆抓、两手皆硬，教科研工作才能高效且扎实地开展，教科研能力才能稳步提升。

大脑中永远多储存一些问号

即使是最懒散的教师，大脑中也会不时出现各种各样的困扰：这个字读什么音？这句古诗词是什么意思？这道题目还有没有其他的解法？这个学生最近为什么总是心不在焉？这节课为什么感觉特别别扭？这位同事在公开课上讲述的内容为什么与我的理解不一样？……只是，懒散者脑海中的困扰全部是无根的浮云，任意方向的一缕风吹过，便迅疾飘走。

善于"折腾"的教师则不会轻易放弃这些困扰，在他们的认知思维中，所有的困扰都是最宝贵的研究资源。

比如，同样是面对某套存在着一定缺陷的教材，懒散型教师凭借逐步累积的教学经验也能够发现其中存在的问题，却懈怠于展开深入探索，一边心中存疑，一边照本宣科。善于教研的教师中，一部分人会立足教材中有缺陷的具体内容而精心考据，将经过比较鉴别的更合理的内容告知学生，并引导其深刻理解；另一部分人会立足教材的编写体例而做宏观研究，既研究使用中的既有教材，又研究其他版本的教材，包括其他国家或地区的教材；还有一部分人会依托相应的课程标准而另选文本重组教材。此四类教师，在教研上投入的时间和精力差异巨大，最终收获的成果也绝不相同。

如果只从应付考试这一最功利的目的看待教科研，则懒散型教师的照本宣科或许更有实效性。后三种类型教师所开展的教研工作，更多指向应试之外的熏陶与浸润，反而挤压了用于微观层面的应试技巧传授的时间。但后三种类型教师的研究有利于培养学生的深度思考能力，能够为学生步入社会后的各种行为提供思想与情感支撑，能够帮助学生建构更为合理的伦理道德主张，因而也就符合未来生活的发展需要。

由上例可知，善于自我"折腾"的优秀教师与懒散型教师的最大差别，在于优秀教师发现问题后舍得花费时间和精力开展深入且系统化的研究。这样的研究，起点处或许只是一个字的理解与运用，引出的却是无限丰富的知识体系。

受多方面因素的制约，身处教学第一线的优秀教师同样难以拥有充裕且完整的教科研时间，亦很难拥有完善且具有超前性的教育教学理论，更无法解决教育教学中遭逢的所有问题。他们"舍得花费"的那些"时间和精力"，不过是懒散型教师闲聊的时间、刷手机短视频的时间、追热播节目的时间、遛狗遛猫的时间。优秀教师将这些碎片化的时间利用起来，以工作中的各种困扰为研究对象，或开展"定向突破式"的深度探究，或开展"举一反三式"的体系化思考，让大脑中的那些"问号"，一步步朝向"逗号""句号""惊叹号"的方向转化。最终，"问号"转化为知识和能力，转化为一种自觉的教科研行为。

大胆质疑，小心求证

教师间的最终差距，不在于从业之初大脑中储存了多少静态化的知识，而在于从业之后面对自身暂时无法解决的问题时持有的态度与方式。视问题为麻烦者，问题永远是问题；视问题为研究课题者，问题便能够转换为思想和技能。当然，让问题转化为思想和技能，需要一定的教科研能力作支撑。

若干年前的一个深冬，我因为期末集中阅卷而住在扬州。晚间，撑着一把伞，伴着绵绵细雨行走在古老的东关街时，往昔如织的游客都消失了影踪，仅有三五闲人如我一般漫步在悠长而又寂寥的青石板之上。

临近街的尽头，突然听见一段极为空灵又极为苍凉的旋律，从长街的某个角落溢出。只静心听了不到1分钟，我便泪流满面。因为我从这个旋律中听出了一种繁华尽逝的无奈与悲凉，而这又和眼前这条街拥有那么多的相似之处。

遗憾的是，我不知道这段旋律属于哪一首曲子，也不知道它真正想要表达的是什么，甚至不知道它由何种乐器发出。

于是，我开始循声索器。很快，我发现这旋律来自一家陶笛馆。我看见一个小姑娘正在认真地吹奏着陶笛。

我拿出手机，录下这个小姑娘吹奏的旋律。

回到宾馆后，我迫切地期望更多了解这首曲子，但我不通音律，该怎么办呢？

我先是将这段录音发给一位懂音乐的朋友，请他帮助识别曲名。朋友很快回复我，说他也不清楚这首曲子的名字。

此路不通之后，我开始自主探索。我想，既然这首曲子是用陶笛演奏出来的，那就可以归之为陶笛曲。于是，我在网络上搜索"陶笛曲"，找出了若干陶笛演奏者和数百首陶笛曲。

如果我将检索到的所有陶笛曲全部听一遍，或许能够发现我听到的这段旋律，但工程量有点大，属于蛮干。最理想的方法，就是根据我的最初体验，去相应的作品中寻找证据。

我很轻松地找到一首曲子，名字是《千年风雅》。我想，来自《诗经》的风雅颂，尽管曾经无限辉煌，时至今日毕竟已为陈迹，它应该具备空灵与苍凉的特征。

点开这首曲子，序曲过后，果然出现了这段熟悉的旋律。我在见证过隋唐时代最繁华的扬州景象的古老东关街上听到的，正是这辉煌已逝、余韵尚存的千年感叹。

我寻找这首曲子名字的过程，就是一次将"问题"转化为思想和技能的研究过程。这次研究中，包含以下过程性元素：

发现问题：听到这段旋律。

触动思绪：泪流满面。

形成困惑：想要知道曲子的名字。

寻找答案：路径一，利用经验；路径二，检索文献——推理分析。

验证答案：比对旋律，发现相同。

将这些过程性元素用于应对日常教学中的困顿与思考，便构成了常态化的教科研行为。该行为的常规流程即发现问题—触动思绪—形成困惑—寻找答案—验证答案。

比如，当我对教材中的某个注释产生疑问时，便是"发现问题"。然后会思考在我的知识积淀中，它应该是一种什么样的存在形式，便是"触动思绪"。接着会思考为什么此处会如此表述，这样的表述可能存在什么样的问题，便是"形成困惑"。随后，一种方法是请教他人，即"利用经验"，另一种方法是借助网络或各种资料进行检索，并对检索出的各种观点进行推理分析，形成相对合理的理解。最后，将生成的新理解带入特定文本中进行验证。

在日常教育教学中面对的各种问题往往比上例复杂若干倍，其解决之道却大体相同，难度只在于检索文献和推理分析的繁杂。

做教育教学的有心人

当类似于上例的研究成为一种习惯时，教科研便能够成为像呼吸一样自然的事情。以这样的心态看世间万象，则万事皆可与教育教学建立某种关联。

比如，一位同事在值晚班时找我借阅报纸或杂志打发时间，我递给他一本教育期刊，上面有很多教育故事和教育案例。他信手翻了翻便扔回来，说不看这样的东西。他要看的，是有各类新闻的本地晚报。

如果没有教科研意识，面对这样的事时，要么无动于衷，要么一笑而过，最多心中产生几点微澜。我却立刻勾联起很多感触与思考，先是推想这位同事为什么不愿意读教育期刊而乐意读地方晚报上的各类新闻，随后想到阅读与教师专业发展的内在关联，然后想到当下教师评价中的唯成绩论，进而想到专业阅读对于教师成长的多层级意义。这位同事离开后，我将这些杂乱的思考重新梳理，写出了《教师，请走进专业阅读》，后来发表在2010年第8期《基础教育课程》上。

再如，某天听校内一位历史教师的课，课题是"战国时期的合纵连横"。我在听课过程中突然灵光一闪：语文教学中不是也有很多需要"合纵连横"的知识吗？听课回来后，我立刻开始系统性思考这个论题。我首先想到文本作者意义与学生学习价值的融合，形成了认知中的第一个"合纵"；接着想到了过去所学、现在所学和将来要学这三类知识的有机整合，形成了认知中的第二个"合纵"；随后想到了由此及彼、举一反三、举三反一等形式的拓展迁移训练，形成了认知中的第一个"连横"；然后想到了当下生活、文化、情感对文本阅读的影响，形成了认知中的第二个"连横"。我将这样的思考整理成文字，写出了《语文教学，需要"合纵连横"》，发表在2014年第6期《教学月刊》上。

此文发表后，我觉得语文教学中的"合纵连横"依旧有很多可以深度探究的内容，就又针对该主题进行钻研，写出了《让语文成为跨时空的学习载体》，发表在2014年第8期《新课程研究》上。

我在近些年间发表的数百篇教育教学文章、出版的十几部教育教学著作，大多来自日常教育教学中的发现、思考与探究。许多读者朋友说我的文字接地气，我想，这一方面说明我自身的理论积淀存在缺陷，很少能立足深奥的理论阐释相关的事理和学理，另一方面也说明我的教科研始终扎根于教育教学的第一线，研究的是一线教师共同关注的现实问题。

这样的教科研从不用担心资源枯竭，只要教育教学存在，它便永远拥有无尽的研究内容。课本下的一个注释、教室中的一个标语、作业上的一道试题，一名迟到的学生、一位发牢骚的同事，一次听课活动、一次网络研修……无一不构成教育者的研究对象。教育者在面对每一项任务、每一个活动时如果能够不轻易放弃随时而生的任意一个"问号"，能够针对这些"问号"主动探索、主动阅读、主动实践，也就永远不会脱离教科研的轨道。

如果从成本核算这一视角看日常教育教学中的教科研行为，在"万事可研"的大背景下，一线教师的教科研不妨围绕特定的专题去探索。我曾用两年时间，系统性研究语文教学中的文学性文本教学、文言文教学、古典诗歌教学和选修类课文教学，每一个系列都分解成五个模块。这样的研究不但形成了20篇教学论文，而且催生了几部教学作品。当我决定做这样的教科研时，每天的教学都成了一次课改实验。

让家常课成为"课改实验室"

将学科教学区分为家常课和公开课两种类型，其实是一种教学病症。为数不少的教育同行，视家常课为"居家模式"，公开课为"做客模式"。前者可以"不修边幅""不带美颜""睡衣拖鞋齐上阵"，后者必须"精心装扮""美颜全开""盛装出场"。这样的教学，家常课过于随意，公开课过于做作，均不属于健康的课堂教学行为。

自觉的教学研究者绝不会选用"居家模式"或"做客模式"处理日

常教学中的每一节课,而是努力将每一节课都经营成一份研究性活动,组织并引导学习者依照预设的目标与任务开展各种形式的自主学习和合作学习。自觉的教学研究者乐于每一节课都探索一些新问题,组织一些新活动,挑战一些新认知,其教科研成果也大多来自这样的研究与实践。

这便如同烹饪家常菜。任何一位称职的"家庭大厨"在制作家常菜时,都会努力将其经营成色香味俱全的佳肴,而不是只满足于能够填饱肚子。当然,总有一些人做了一辈子的饭菜,依旧令人难以下咽;也总有一些人,下厨时间虽然不长,却能够烹饪出令人垂涎欲滴的美味。形成差别的原因,只在于是否用心钻研。前者从未认真研究过如何将一道家常菜做出国宴菜的水平,后者哪怕只是凉拌一盘黄瓜,也有可能做过一百种探索,直至寻找到最理想的那一种方法。

明白了上述道理,也就知晓一线教师的教科研必然更多建立在家常课教学的基础之上。任意一位新教师,如果能将每一节家常课都视作一种探索,都能够在备课时预设好明确的研究任务,授课中认真践行此项任务,同时不断生成新的主张或新的任务,授课后积极总结反思,为下一节课的继续探索积累经验,则最多两年,便足以在课堂教学上超越那些虽已执教30年却只在开设公开课时才偶尔用心钻研一次的成熟教师。基础教育阶段的课堂教学并没有多少高深莫测的技艺,课堂上的驾轻就熟、纵横捭阖,"无他,唯手熟尔"。当然,教学中的"手熟",包含知识、技能、认知、情怀等多项内容。坚持研究家常课教学的教师,其学科知识储备、教学技能、教育认知、教育情怀都注定胜于不做研究或偶做研究的同行。

2004—2006年间,我对语文学科教学中的人文渗透产生了浓厚的兴趣,几乎每一节家常课都精心雕琢,努力搭建富有思维深度的课堂对话,引导学生透过文本中的显性信息,捕捉文字背后丰厚的人情与人性。那两年间,我上出很多节自己很满意的课,也给学生带去很多的认知冲击。发表于2006年第17期《人民教育》的《战争与和平——〈一个人的遭遇〉教学实录》、收录于2006年9月出版的《好课是这样炼成的》中的《贵在一个"新"字》课堂实录(赵军点评),就是这些家常课的代表。后来被我收录进专著《追寻语文的"三度"》中的多个课堂实录,同样是这一时期的家常课研究成果。

2022年8月,我出版了个人第15部作品《高中语文新课创意解读与教学设计》。在这部作品中,我对统编版高中语文必修教材中新增的19个教学文本逐个进行创意解读和教学设计。这些解读与设计,同样来自我的家常课教学。我想要走出传统的单篇教学的制约,走进新一轮课程改革倡导的大单元、大情境、大任务之中,便在备课和授课时努力探索一些新的方法。课后,我将这些探索整理出来,便形成了这部作品中的解读和设计。我做这些,没有人逼迫,也没有职称评定的利益驱动,仅仅是习惯了研究课堂,习惯了日常教学中的教科研。

我从不否认有相当数量的名教师通过公开课、优质课这样的平台走向全国,我更相信,任意一位教师只要扎根日常的教育教学,把每一节家常课都经营成"色香味"俱全的教学"美味",就一定有实力、有机会收获成功。有人说,每一次竞赛课都是一次"出生入死",都能够让人"脱胎换骨"。如果能主动将家常课当作这样的竞赛课,在主动的"自虐"中每天都经历一番"出生入死",都经历一次"脱胎换骨",那么,何愁不能修炼出教育教学的"火眼金睛"和"七十二变"?

第四节　用课题夯实专业发展之路

我时常听到有人抱怨:"如果不是为了评职称,鬼才去弄这个讨厌的课题。"在这些抱怨者的心中,课题不过是职称评审时的一个加分项目,课题研究的价值亦不过是获取职评时的一点儿分数。一旦没有职评的需要,也就不会再对课题研究产生兴趣。

此种认识,是对课题研究价值的严重曲解。现实的教育生活中固然不乏为了评职称而申报课题的人,亦不乏基于自身的教学需要和专业发展需要而自主确立研究内容、自觉开展体系化探究活动的研究型教师。后者所开展的才是真正意义上的课题研究,这样的研究虽也有一定成分的功利色彩,但更多是为了追求教育教学的内在规律。至于前者,且不论其课题是否能够申报成功,就算是因为机缘巧合,或是因为得到了高人点拨,通过了省级相关部门的立项,也往往是"轰轰烈烈开题,无声无息结题",一旦拿到了课题结题证书,便万事大吉,"老死不相往来"了。

在我近 40 年的教学生涯中,前 18 年只被动参与过一个省级课题的研究。2004 年,因为接触了一批优秀的教育同仁,发现了自身专业积淀的浅薄,这才开始有意识地钻研教育教学中的一些具体问题。也就是从那时开始,我走上了自觉的课题研究之路,并且将一个课题持续研究了 20 年。在绝大多数情况下,我的课题研究不以是否被省市相关机构立项为目标,而是建立在课程改革需要和自身教研需要的基础之上,属于自己"立项"、自主"开题"、自主"结题",用可见的课题研究成果作为"结题证书"。这样的课题研究,让我省却了常规意义上课题研究诸多模式化的程序,得以完全依照自己的心愿而做一件喜爱的事。

基于真实需要,坚持长线研究

2004年,有感于彼时的课程改革倡导的"自主、合作、探究"的教学主张,结合自身近20年的教学经验,我开始在日常教学活动中践行一种被我命名为"主体实践性阅读"的新型教学模式。一开始,我并没有想着依照省市规划课题的申报模板设计我的研究内容,而是立足于自身的研究兴趣和实际教学需要,计划从文本资源开发、教师功能定位、课堂模式构建、学生自主意识培养、现代文教学、文言教学、诗歌教学、作文教学等教学活动的不同角度入手,努力构建不同文本、不同课型、不同主体条件下的规范性实践模式。

我的研究以课堂实践为起点,通常是先形成一些相对零散的思考,逐一在教学中践行,然后经过反思和提炼,形成较为系统的、有一定操作性的经验,最后用文字记录下来。这一阶段,陆续整理并发表了《主体实践性阅读条件下的文本资源开发》《语文课改中民族精神的张扬与颠覆》《"人—本"对话:一个期待公允的阐释》等研究成果。

2006年,我在大量阅读报刊和网络上的众多课堂实录时,发现有相当数量的课堂虽注重了学习者的思维开启,但明显存在脱离语文文本而过度迁移的病症,便将研究重心落实到"主体实践性阅读的教师功能定位"之上,一方面致力于理论建构,另一方面致力于教学案例的开发。这一年,《一个人的遭遇》的课堂实录被《人民教育》全文发表,教学反思《如何让学生与战争文学相遇》亦发表于下一期的《人民教育》上。《贵在一个"新"字》的课堂实录和教学反思《多层追问,搭建自主、合作、探究式学习的平台》也被华东师大出版社出版的教学著作《好课是这样炼成的》收录。

2008年,我接触到王荣生博士的《语文科课程论基础》。这部理论专著给我带来了极大的思维冲击,逼迫着我不得不系统性反思此前四年的专题性语文研究与实践行为。利用主持《河南教育》"教学多棱镜"专栏的契机,我策划了20多次专题对话,邀请全国各地的名师共研语文学科教学各方面的问题。在相对系统的对话中,我逐步确立起"丈量文本的宽度，营造课堂的温度，拓展思维的深度"的教学新认知，用以丰富和完善"主体实践性阅读"的研究成果。同时，我还将研究成果转化为文章，陆续发表了《语文教学，呼唤教材体系化》《文本价值最大化与语文有效教学》《语文教学中的"隐"与"显"》《文本课程价值与课堂教学体系化研究》《网络环境下的语文课教学构想》等系列论文。

2012年，我依托八年间的体系化研究成果，整理出一部系统呈现我的教学主张的理论著作。这部后来被教育科学出版社命名为《追寻语文的"三度"》的语文学科教学专著，被该社列为"新生代语文名师·立场书系"最初推出的三部作品之一。在这部作品中，我将"主体实践性阅读"和语文教学中的"三度"主张联系在一起，初步形成了"三度语文"的新理念。

2017年，又一轮课程改革迅速推进，整本书阅读教学、任务群教学、真实性问题情境、大单元整体化教学、大任务、大概念、跨学科学习等概念层出不穷，既往的"三度语文"主张遭遇到前所未有的挑战。面对新任务、新要求，我开始致力于"主体实践性阅读"背景下的"三度语文"的深度研究，将"丈量文本的宽度"和大单元学习、跨学科学习，以及任务群阅读、整本书阅读相结合，将"营造课堂的温度"和真实性问题情境、特定学习任务相结合，将"拓展思维的深度"和跨媒介阅读、跨学科学习相结合。2017年至2022年的五年间，我将研究成果整理成多部著作，先后出版了《有滋有味教语文》《中学整本书阅读教学设计》《经典文本解读与教学密码》《高中语文新课创意解读与教学设计》等作品。

贴近实践选题，远离花拳绣腿

在将"三度语文"这个项目坚持研究了20年的过程中，我并不拒绝将我的研究成果转化为具体的课题申报材料，用来换取一张省市教研机构的课题结题证书。

2006年，我根据自己的研究兴趣和已经取得的研究成果，申报了扬州市规划课题"高中语文主体实践性阅读模式研究"。2009年，该课题顺利结题后，因为对教师专业阅读、专业写作等项目产生了浓厚的兴趣，我又申报了扬州市规划课题"教师专业阅读方式研究"。2013年,在专著《追寻语文的"三度"》的基础之上,我对"三度语文"教学主张进行了更为系统的思考,申报了江苏省第十期教科研课题"基于'主体实践性阅读'理念的'三度语文'研究与实践"。2015年,因所在学校成功申报江苏省校园课本剧研究课程基地,作为该项目的实际负责人,我将之与语文学科教学相结合,和一个徒弟联合申报了江苏省"十二五"重点自筹规划课题"通过课本剧提升学生深度解读高中语文教材故事性文本能力的研究"。2020年,基于新一轮课程改革对整本书阅读教学的重视和我带领工作室成员开展的系列性探索,我和又一位徒弟联合申报了江苏省"十三五"重点自筹规划课题"基于'三单'的整本书阅读教学实践研究"。

  在主持相应课题研究的过程中,我还以核心成员的身份参与了由市教育局领衔申报的江苏省重点资助课题"区域推进农村薄弱初中'活力-探究型'教学模式实践研究"和由省教科院基教所领衔申报的教育部重点课题"普通高中课堂教学价值取向定位与实践研究"的研究,并在研究过程中主持编写了著作《"活力-探究型"课堂模式建构与案例展示》,撰写了论文《普通高中课堂教学要素关系探微》《普通高中课堂教学价值取向定位的实践样本解析》。

  我主持或参与这些课题的申报与研究,并非完全剥离了功利目的。我一向认为,一名教师要想成为专业领域中的领军人物,离不开对名与利的追求,只要这名与利建立在自身专业发展的基础之上,不以侵损他人利益为代价。当然,我也绝不是为了名与利而研究课题。如果没有20年坚持不懈地思考与实践,没有对语文教学乃至整个教育方方面面的思考与探究,没有这一个个课题研究过程中的不断发现与不断拓展延伸,我也就没有这份持久的兴趣。从这一点而言,我认为,任何一位教师在开展课题研究时,都一定要从自身感兴趣的内容入手,从自身的教育教学实践经验入手,切不可为了能够立项便堆砌一些自身并不了解的概念,用吓唬人的高深理论替代脚踏实地的思考与行动。

  需要注意的是,脚踏实地的思考与行动绝不等于拒绝必要的理论引领。事实上,所有的课题研究,均应该具有一定的理论前瞻性,至少应该不滞后于时代发展的步伐。一线教师申报并研究的课题，其选题应瞄准当下教育的发展需要，瞄准社会对教育的客观需要，瞄准学生以及教师自身的成长需要。在此价值诉求之下，课题研究者必然需要阅读大量的教育理论著作，需要将这些理论和教育教学实践相结合并进而转化为研究者自身的教育自觉。

为数不少的课题申报者因为对课题研究的认知不够清晰，误以为课题研究就是要追求"高大上"，便在课题题目的拟制、核心概念的界定、文献资料的检索、课题研究方法的阐释等方面故意引入一些看似很高端的概念或理论，以为这样可以让课题拥有加分项，却不知，那些脱离真实的教育实践、无法或者很难转换为具体的教育教学行为的高深理论，对一线教学并无价值。那样的课题研究，根本不适宜于基础教育阶段的一线教师。

了解基本规则，完善研究程序

我在20年的持续性研究中，围绕着"三度语文"这一核心概念只申报过两个课题。于我而言，作为立项课题的研究反而是一种约束，远不如随心所欲地阅读一些理论著作、撰写一些教学论文或论著、执教一些探索性的课案更有意义。

但我依旧需要申报课题，因为我需要评职称，需要参加一些只有课题主持人才有资格参加的竞赛活动。现实的教育生活中的绝大多数课题申报者应该也如我一样，为了一些应该拥有的利益而不得不申报各类课题。前面我已经说过，倘若利益一朝获取便与课题老死不相往来，则这样的课题研究毫无价值。而如果一位教师因为评职称或获取各类竞赛活动的资格而不得不申报课题，却在研究课题的过程中收获了研究的乐趣，进而催生了强烈的教科研热情，那么，这样的功利性研究也未尝不是一件好事。事实上，只要选题恰当，辅之以研究过程中不断收获的科研硕果，则这样的好事很容易发生。

要申报成功一个好的课题，撇开人为因素不看，至少应关注如下四方面信息：

一是拟制一个适宜的题目。

通常情况下，课题的题目需包含三方面的信息：研究对象，研究内容，研究方法。此三者，大体上围绕"是什么""为什么"和"怎么样"这三个"终极之问"而展开。比如"基于'主体实践性阅读'理念的'三度语文'研究与实践"这一课题，研究对象为"语文"，研究内容为"主体实践性阅读"理念和"三度语文"的理论建构与实践案例，研究方法为实践式研究。再如"区域推进农村薄弱初中'活力-探究型'教学模式实践研究"这一课题，研究对象为"教学模式"，研究内容为如何在特定行政区域内推进农村薄弱初中广泛性开展"活力-探究型"教学模式，研究方法为实践式研究。又如"普通高中课堂教学价值取向定位与实践研究"这一课题，研究对象为普通高中课堂教学，研究内容为价值取向定位与实践，研究方法为理论与实践同步展开。

有些课题的题目虽然也包含了这三方面的信息，却算不得适宜的题目。比较下面两个题目，就能够发现其中的差别："提高中学作文批改有效性的策略研究""提高中学生写作能力的策略研究"。前一个课题以"作文批改"为研究对象，后一个课题以"写作能力"为研究对象。前者切口小，更具操作性；后者选题过大，研究中反而缺少具体的抓手。

如果将课题题目拟作"夯实写作基础，强化写作能力，全面提升中学生的写作能力"，则显然属于差命名。这样的题目只有研究对象，缺乏研究内容和研究方法，看起来更像是一句写在横幅上的宣传标语。

再看这两个课题题目："以小组合作探究为基础的高中语文对话式学习的实践研究""以跨学科学习为基础的高中语文对话式学习的实践研究"。两者在结构上完全相同，差异只体现为前者的研究内容强调小组合作探究，后者的研究内容强调跨学科学习。从课题研究价值而言，前者体现的是2000年开始实施的那轮课程改革的相关主张，后者体现的是2017年开始实施的本轮课程改革的相关主张。很显然，如果在2024年的今天，还以前者为课题题目而申报省市课题，便丧失了研究价值。毕竟，这方面内容的研究成果早已汗牛充栋。后者则是一个全新的命题，大家都在探索之中。

二是精准界定核心概念。

名不正则言不顺。申报课题时，研究者不但需要明白自己的研究对象、研究内容、研究方法"是什么"，而且需要用精准的语言将其内涵与外延阐释清楚。一般情况下，课题申报中的核心概念界定不宜过多，能将研究对象、研究内容、研究方法分别解释清楚，再将其构成的完整意义精要提炼即可。

比如，我在"基于'主体实践性阅读'理念的'三度语文'研究与实践"中，就如是界定"主体实践性阅读""三度语文"两个核心概念：

主体实践性阅读，是指在语文阅读教学中通过教师的桥梁作用而构建起来的一种学生与文本"直接对话"的阅读形式。它要求学生在日常的阅读中，能够充分调动起自身的生活积累和文化积淀，并将其一起带入到文本阅读中去，用自己的心灵感受文本的本真意义，体味作者创作时的真情实感，并将自身的生活放置到文本生活中去比较，从文本中读出自身的生活价值和生命价值。

三度语文，即以追求语文教学的宽度、温度和深度为目的的语文教学模式。体现在具体的教学实践中，就是先准确丈量好每一篇课文在教材中应该承载的教学任务，还课文以教材的属性特征；再依照课文的课程学习目标，通过"走进文本—走进作者—走进生活—走进文化—走进心灵"的教学流程，组织起有序的课堂活动，使语文学习在明确的目标指引下，借助学生这一主体间的自主、合作与探究，营造出语文应有的温度。此外，依照学生的"最近发展区"的需要，在备课时努力钻研教材，在紧扣课程目标组织教学活动时，尽量引导学生走向文本的内核，发现文本的深意，提升积极思维的能力。

课题研究中的核心概念绝非文字游戏，而是整个课题研究的总纲。只有将核心概念中的丰厚意义尽可能多地挖掘出来，其研究过程才有丰富的视角和着力点。

三是详细阐释研究内容。

有些课题申报者在课题申报书上用相当数量的文字列举国内外研究现状，却仅用三言两语就将研究内容一带而过，这显然是主次不分，详略不当。国内外研究现状的检索，只在于确立课题研究是否具有现实价值和未来价值，为课题研究提供理论帮扶和案例支撑。课题研究的重点永远是自己要做什么以及如何去做。

在课题申报之初，研究者当然无法预知研究过程中即将遭逢的所有问题，但依旧应该尽可能详尽地预设一些经过分解的子项目，并在研究过程中不断生成新的子项目。我用20年时间研究的"三度语文"，其研究内容就由最初的文本资源开发、教师功能定位、课堂模式构建、学生自主意识培养、现代文教学、文言教学、诗歌教学、作文教学，逐步拓展至当下的单元大概念界定、真实性问题情境创设、特定学习任务设定以及整本书阅读教学、任务群阅读教学和跨学科学习。拟制课题申报书时，研究内容分解得越详尽，研究过程中的目标便越清晰。如果内容预设过于笼统，则研究过程也就缺乏相应的抓手。

四是科学提炼创新之处。

课题申报书中，往往需要申报者用精要的文字阐释该课题的"主要观点与可能的创新之处"。申报者必须高度重视这一内容的填写，既要能够对将要研究的这一项目拥有明晰的认知，能精准表达出该项目研究中的主要观点，又要能够结合国内外既有的研究成果，预测并合理界定自身研究的可能创新之处。在实际的课题申报中，很多申报者习惯于用虚空的表述过分夸大自身研究项目的创新性，此法并不可取。一线教师的课题研究中的创新，更多应该体现为具体教法或学法上的改善或改革。能借助一个课题的研究而更新某一方面的思维或技法，便不辜负此项研究。

提炼课题的可能创新之处时，可分别围绕教学理念创新、教学模式创新、教学流程创新、课堂活动创新、教学技法创新等内容展开。有创新之处便合理提炼，无创新之处也不必凭空编造。

搭建成长平台，夯实专业技能

教师的专业发展，离不开内因与外因的共同激励。申报一个省市规划课题，属于给自己寻找一份成长外力。要让这个外力真正发挥作用，就需要课题研究者不将一个课题的结题视作研究的终结，而是只将其视作教科研之路的起点。唯有这样的课题研究，才能助推教师不断拓展自身的教育视野，不断提升自己的教育能力，最终成长为一名研究型教师。我在20年的课题研究中，创作并发表了数百篇教育教学文章，出版了15部教育教学著作，就是获益于这份恒常的探究。我能做到的，你同样能够做到。秘藉只有一个：从今天起，瞄准一个值得探究的课题，坚持不懈地研究下去。

第五章
在反思中获取养分

  在向教育教学的卓越之境不断攀爬的过程中，反思是必不可少的能量源。

  教育反思包含极为丰富的内容，既有对自身出现的教育教学失误的自省，也有对自身取得的教育教学成绩的提炼，亦有对来自专业阅读、研修活动、对话交流的各类观点与主张的理性审视，还有对非教育领域的各类信息的选择性应用。反思不是为了"常思己过"，不是做自我检讨，而是为了系统性梳理教育教学行为的合理性，寻找最佳的教育教学路径和方法。

  日常的教育教学中，最常见的反思来自学科教学。每一节课后，教师均应该及时盘点这节课，反思预设的目标或任务与实际的学习活动是否脱节，反思目标或任务的课堂完成情况，反思教学流程各环节的合理性，反思问题设计的指向性，反思学习者的主动性是否得到最大限度的激活，反思自身的教学语言是否精当……倘若每一节课后都能在反思中深度思考并探究某一个细节性问题，日积月累，教学中的每一步便都拥有了理性。

  更高层级的反思来自教育理念、教育思想和教育情怀。此类反思的关注点，不再是"做了什么""这样做好不好""有没有更好的方法"，而是"为什么要这样做"，是透过具体的教育教学行为寻找并发现教育教学的本质规律，是将学习者和教师皆视为需要终身成长的对象而探索师生共同成长的必要路径，是立足于培养大写的"人"而检省自身工作的格局与情怀。当一位教师经常性开展这样的教育反思时，便意味着走出了教育教学的"小我之境"，走向了"立德树人"的大视域、大格调和大境界。

  此两类反思之间，当然还存在着对教育管理的反思，对家校合作教育的反思，对个性化教育和共性化诉求间矛盾冲突的反思，对社会评价机制的反思，对当下学习需要和终身成长需要相互融合的反思，等等。如果将最低层级的学科教学反思视作"技"的提炼，将更高层级的理念、思想和情怀反思视作"道"的养成，那么，介于二者间的这些反思就是由"技"至"道"的路径以及在此路径上的行走。

  有了道路，又有了行走，目标纵使遥远，也终能接近或抵达。

第一节 远离"小格局",追求"大境界"

2020年某日,一位高中毕业班老师给我发了一条信息,只有四个字:"我要疯了!"

问及原因,原来是自两天前的上午起,她便被学校无穷尽的信息包围了,核心事件只有一个——从2月10日开始,全市高三学生集中上网课。身为高三班主任的她,必须用最短时间学会利用QQ群组织学生按时听课;学会按时参加线上辅导课,回答学生的各种问题;学会组织家长切实监督学生的学习;学会在早上7点、下午2点和晚上7点分三次组织全班学生打卡签到;学会在晚上10点之后把一天中的各种截图发往指定的信箱;学会利用QQ群监督班级的所有任课教师依照课表准时进入班级群辅导;学会和学生或家长开展视频聊天,并截屏保存相关图片发给值班的年级管理者……除此之外,还必须及时批阅当天的作业,并将每一位学生的作业完成情况分小题统计在一份表格中,然后在晚上10点一并提交给学校管理层的指定信箱;必须在第二天下午的线上辅导中针对作业中的共性问题开设网络视频讲座。

我把高三的网课课表和作息时间表要了过来,发现每天上午依次都是语文、数学、英语三节课加上两门选修课中的一门,下午的四节课则由执教这四门学科的教师进群辅导,回答上午网课学习中的各种问题。这个课表,每天实实在在的八节课。至于作息时间表,则完全是正常上课时的时间安排,有早读,有晚自习。

我不知道读者朋友看到这样的网课安排,是否会觉得该市教育部门的教学管理很务实,很扎实,很勤勉。作为一位有着30多年教龄的教师,我的第一感觉却是折腾:折腾学校,折腾教师,折腾家长,折腾学生,连带着折腾网络,折腾原本就千疮百孔的基础教育。为什么折腾呢?原因或许很多，最重要的却无外乎两条：第一条，给上级和社会营造一种认真做事的美好印象；第二条，不相信教师、家长和学生能够安排好抗击新冠疫情期间的学习，至少是不相信一部分学生能够自觉主动地学习。

格局决定行为

局外人或许会认为这样的安排很及时，很为高三学生的未来考虑。局内的多数人也或许会持有同样的观点，觉得高三学生即将面临高考，千万放松不得，能够有班主任和科任教师每天八节课严防死守，能够有早中晚的三次打卡签到，则想睡懒觉的睡不成了，想玩游戏的也玩不成了，还不都得被动地把全部精力放到各门功课的学习上。这样的分析推理当然成立，只是它无法解决两个现实问题：第一，仓促间安排市直学校部分教师赶录的网课，其教学内容与全市各类学校的具体学情必然难以形成高匹配度；第二，把不同学力的学生全部框死在单向传递信息的网课上，也就剥夺了学生的自主学习权，连带着剥夺了学生根据自身需要而预置的休息权和娱乐权，容易激发学生的逆反心理。

无法解决的还有一个相对虚空却又十分重要的教学目的问题：在抗击新冠疫情的特殊时期，把学生的所有时间全部用网课和辅导占用了，他们哪里还有时间去关注疫情的发展，哪里还有时间去阅读无数的逆行者的事迹，哪里还有时间以一名高三学生的社会责任感思考这场大灾难背后盘根错节的社会问题，哪里还有时间思考即将来到的院校与专业选择中的利己与利他？用静态的、重复了若干次的课本知识取代动态的、无限丰富与鲜活的社会生活，这样的教学果真有价值，果真符合社会的发展需要和学生的成长需要？

当然，或许在很多人的潜意识中，之所以要用每天八节课和三次打卡把学生拴在网课上，原本就是为了让他们不关注、不思考这场灾难中的各种问题。就像我以前批评过的"零抬头率""窗外的风景与我无关"一样，为数众多的教育管理者并不觉得"两耳不闻窗外事"有什么过错，反而奉之为提高升学率的不二法宝。

我们当然不能否认教学中的严格管理的价值,更不能否定在这超长寒假开设网络公开课的价值,但不得不关注并思考的是,我们的网络公开课为什么只关注具体的学科知识,只关注考纲考点和答题技巧,却不关注公共卫生防疫知识的传授,不关注公民社会责任意识的培养,不着力于引导学生搜集整理相关资料开展真正意义上的研究性学习,不致力于培养学生透过纷繁复杂的舆情理性地分析问题?

我们的教育,格局太小!

小格局的教育,一如小格局的人。小格局之人的最大特点,就是无论外部世界如何风云变幻,只一门心思算计自己一亩三分地上的收成;小格局的教育的最大特点,就是无论世界如何发展变化,只鞠躬尽瘁地追求升学率。

远眺曾经的风景

疫情期间,我响应号召宅在家中读书,先是啃完叶嘉莹的《唐宋词十七讲》,接着读岳南的《南渡北归》。读前一部作品时,对欧阳修、苏轼、辛弃疾等人的大境界欣赏备至,对吴文英、王沂孙的小格局颇有微词。读后一部作品时,亦是对傅斯年、李济、梁思成、梁思永、陈寅恪等人在战火纷飞中学术报国的士人品格无限憧憬,对国难当头依旧蝇营狗苟的假名士嗤之以鼻。读书人永远无法脱离具体的社会环境而生活,只以自身的眼前微利为目标者,永远无法拥有顶天立地的形象。

因为读《南渡北归》,便很自然地将其与现当代的教育联系着琢磨些问题。我国现当代教育中最大的传奇,当属新文化运动时期的湖南第一师范学校、北京大学以及抗日战争时期的西南联合大学。湖南第一师范学校走出了影响并改变中国历史的若干政治领袖;北京大学走出一批学生领袖,后来成为20世纪三四十年代民国教育和政治领域的中坚力量;西南联大走出了推动世界科技的若干科技精英。研究这三所学校在特定时期的学生学习活动,会发现一个极为有趣的现象:时局动荡带来了学习上的非常态和管理上的非精致化,致使为数众多的学生把注意力转移到了象牙塔之外的社会风云之中，不再埋头只读圣贤书。可也正因为如此，出类拔萃的人才雨后春笋般出现在神州大地。

这似乎是一种悖论，此种悖论之所以能够成立的逻辑支撑，在于静态化的课本知识无法培养出有大格局的人。唯有将个体的生命和国家民族的命运相结合，和人类的发展进步相结合，才能进入读书人的生命大境界，才能激活真正的学习热情。更重要的是，这些拥有了大境界、大格局的人，其学习的关注点绝不在于考试分数，而是在于其学习的内容能否转换为实现家国情怀的能力。他们在学以致用中提升学习品质，同时提升人生境界。

回到网络授课行为中，为什么说它"小格局"呢？焦点在于其课程内容安排上缺乏对外部世界中全民抗"疫"的悲壮行为的有效关注，只把教师和学生的注意力聚合到考纲考点之上。其危害性在于催生教师和学生情感认知中的冷漠，似乎他人的奋斗、拼搏甚至牺牲只是他们分内之事，与"我"无关。这些年很多人批判的"精致的利己主义者"，正是这样培养出来的。

教育的应有格局

大格局的教育在面对当下的世界性疫情恐慌时，会如何组织学生学习呢？我想，开设网课完全有必要，但网课的课程设计一定要极为讲究：

首先，每天的第一节课，应该用来告知学生具体的疫情，以及面对疫情时，不同的人在过去的一天中做出了哪些抗争与努力，尤其是应该搜集医药科技领域中的研究成果，让学生感受到运用科技改变人类命运的价值。同时，也不妨报道一些不和谐的声音或现象，让学生认知社会的复杂，进而确立应有的社会责任意识，帮助其建立应有的公民道德素养。

其次，应利用网课多方位普及防控疫情的科学知识，应把政治学科的公民责任和生物学科、化学学科的知识串联起来，用书本知识研究现实问题。高三的生物课复习，与其依照考纲考点的顺序研究冷冰冰的高考试题，不如针对此次疫情组织专题性学习。果真组织起专题性学习，则不但能够消解学生心中对疫情的恐慌或者麻木，而且能够通过学生宣传普及抗疫的基本知识，让学习为现实作贡献。

再次，应提供菜单式高考知识点网课信息，供不同学习需要的学生自主选择，而不是每节课都按部就班地落实考点。

再者，语文学科应彻底放弃对考点的分析整理，代之以对与疫情有直接联系的各类文本的阅读。比如阅读关于防疫知识的短文，在信息筛选与归纳中普及防疫常识；阅读各类时评，在学习章法结构的同时培养思维理性。

最后，缩短网课时间，每天只安排半天的学习便足够了，留下半天时间给学生读读课外书，参与社区志愿者活动，写点战"疫"期间的思考性文字。

收到"我要疯了"这条信息四天后，有高三学生告诉我，前一天的网课结束后，数学学科一次性布置了十页作业，其他学科也都布置了很多作业，总作业量是正常上课时的两倍。这还是假期中的自主学习吗？在这么多作业的重压下，教师和学生哪里还有时间去"睁开眼睛看世界"？

教育的小格局，归根结底还是由教育管理者和师生共同造成。

播一粒"大境界"的种子

参加某次省级培训活动时，省教科院的一位专家为我们展示了某所小学宣传墙上悬挂的一个标语牌。标语牌上的文字不是伟人名言，也不是校规校训，而是该校一名小学生的"清晨六愿"：

清晨六愿——
我愿有一颗明察事理、体谅他人的心。
我愿有点悠闲时间：看看天空云彩变化，欣赏校园鸟语花香。
我愿此心宽广，存好心，说好话，做好事。
我愿遵守校规，和乐地与同学度过学习的每一天。
我愿勤奋努力，以学习、运动与休闲来彩绘今天的生活。

> 我愿每天都能从生活中发现一件新鲜、美好的事物。

看到这样的六种愿望，我的第一感觉是史铁生《我与地坛》中的一个词汇：如沐慈悲。这个孩子，该读过一些什么样的书，接受过一些什么样的教育，才能拥有如此通透的人生觉解呢？此六点愿望，没有丁点儿的焦灼，没有丝毫的虚妄，却又最大限度地展示着人之为人的全部良善和悲悯，彰显着个体生命在人类群落中既自信独立又彼此和谐的无尽风光。

这个小学生持有的，已是一种难得的大境界。这所小学能将一个孩子的话语悬挂在醒目位置，借以彰显一种独特的校园文化，自然也是一种难得的大格局。事实上，大境界的学生必然来自大格局的学校和大格局的教师。学校和教师的境界提升了，学生的境界才能提升。

面对这个"清晨六愿"时，我产生了一种冲动，想回到学校后让即将高考的学生也写一个"六愿"。但此念想很快便被我主动扼杀了。因为我想到了数年前一次全校性的会议上，一位面向两千多师生作主题发言的学生，理直气壮地宣言要"走自己的路，让他人无路可走"。高中阶段的学生，从家庭、社会甚至学校中接收到的，永远是竞争、拼搏、"吃得苦中苦，方为人上人"，能有几位家长、几位教师，会鼓励孩子闲看花开花落、云卷云舒呢？

当然，倘若真要学生动笔写出六个愿望，或许绝大多数学生并不会把考取清华北大写在最显眼的位置。我们有两套话语，一套用来给别人阅读理解，另一套用来表达内心的真实心愿。我们的学生或许会从渴望世界和平开始切入，寄希望于全人类的风调雨顺、幸福安康；再呼唤祖国的繁荣强盛、国泰民安；然后为每一位陌生人祝福，希望像海子诗歌中描绘的那样"面朝大海，春暖花开"……

交出答卷后，学生们聚在一起聊天时又会说出不同的六大愿望。这六大愿望，不排除想要每天都放假，想要每天能睡到自然醒，想要每天能有点时间看看电视上上网，想要过几天父母不在家的自由自在的生活，想要不想看到的人天天生病住院，想要心中讨厌的人出一场车祸而永别人间……

其实，无论如何去想这六大愿望，大多数人的出发点一定是自己，而非他人。

但这位小学生呢？他首先想到的竟然是"有一颗明察事理、体谅他人的心"。他是将他人放在第一位来思考的，想的是我的存在要能够成为他人的幸福。如何做到这一点呢？明察事理，体谅他人！我以为，这八个字，就是中华民族两千多年的"仁"的精髓。

这位小学生的"清晨六愿"，概括而言只是五个字：修身以利他。其"修身"是去功利的修身，是随时随地发现并感悟生活中的所有美好，而不是咬紧牙关去吃苦，牺牲当下所有的快乐而追逐未来充满变数的梦幻。其"利他"是发自灵魂深处的良善，是忠恕和美，是温良恭俭让，是不计回报的宽厚。有此心愿的孩子，未来一定会成为谦谦君子。

如果我们的学生都能发自内心地生出这样的"清晨六愿"，我们的教育便获得了真正的成功。但问题的关键在于，身为教师的我们，是否接受这样的"清晨六愿"，是否积极践行这样的"清晨六愿"？

第二节　拒绝缺乏思考与创造的"勤劳"

每一个民族，都拥有一个或若干个自制的属性标签，贴在自己的额角。我们这个民族的两个标签，非"勤劳"和"勇敢"莫属。本节文字无意于探究"勇敢"这一品质，只想聊一聊"勤劳"。我始终觉得，任何一种勤劳，都必须建立在目标正确、方法适宜的前提下。一旦脱离了这两方面的约束，则勤劳带来的就很有可能是灾难。

我常遇到一些特别"勤劳"却成绩平平的学生，这些学生恨不能将任何一点休息时间，都用到完成一道试题的解答上；我也认识一些特别"勤劳"却业绩平平的机关工作人员，这些机关工作人员终日忙碌不已，听任无止无休的材料和会议，将岁月的每一个角落都填充严实。在这两类人的身上，天道酬勤似乎是个永远的谬论，因为他们的勤劳，只是"辛勤"地劳累身体，却听任思想无所事事。

从这两类人的经历中可以发现，勤劳或勤奋，并不构成一种真正的美德。勤劳如果不和积极主动地思考、创造性地探索相结合，也就成了一种无意义的时间消耗和体能消耗。事实上，正如那些勤于做题却懒怠于思考、感悟、总结、归纳的学生一样，绝大多数勤奋一生却"泯然众人"的教师，都是因为缺乏思考和创造。

理性认知"勤劳"与"懒惰"

在农村，"勤劳致富"是一个很诱人的口号。事实却是，无论多么勤劳耕作，在一亩地上种粮食的收入也赶不上种植经济作物的。倘若放弃了这块地，转而经商，或从事养殖等其他工作，收入或许更高，更能够致富。由此种现象也可以发现，勤劳不是指一根筋地做事，勤劳要想收获最大效益，必须先选对目标，再用对方法，然后才付之以全身心的劳作。

流水线上的操作工，其工作时间内的劳碌程度绝对超过新产品的开发者。然而，如果只是一味地满足于机械的操作，则几十年中的每一天，都只能是前一天的复制品。新产品开发者则是永远处于创造性的劳作之中。他或许经常遭遇失败，但所有的失败又何尝不是一种全新的生活？失败之中亦有新鲜与新奇，用心品味，同样有滋有味。

有人说，世界由"懒惰者"推动。因为不愿意手洗衣服，"懒惰者"才会研究出洗衣机；因为不愿意用人力战天斗地，"懒惰者"才发明了推土机、挖掘机等各种机器。此处所说的"懒惰者"，和前面列举的"勤劳者"的最大区别，在于"懒惰者"懒的身体，勤的是大脑。而"勤劳者"则相反，勤的是身体，大脑却懒惰到绝不轻易动一动的程度。

故而，真正的勤劳，绝不能以时间的消耗、体能的消耗为标准。任何一种试图用无端消耗大量时间来实现奋斗目标的勤劳，都无法真正创造生命的传奇。人之为人，最突出的特征，不在于拥有四肢，而是在于拥有思想。有思想的人，其真正的勤劳，只能是勤于思考，勤于实践和探索。你是学生，就要勤于归纳总结，并从中领悟新的知识，养成新的能力；你是官员，便该勤于调查分析，并从中发现人民的真切需要，找准为人民服务的真实路径。现在，你只是一名教师，一名渴望在教育教学领域有所建树的教师，便应该勤于钻研教育教学理论，勤于反思自身的教育教学行为。唯有这样的勤劳，才能催开你的教育理想之花。

曾经有两位理科背景且做过十多年教师的教育行政人员对我说："如果我不转行做行政，我也应该能评上特级教师和正高的。行政工作太忙，实在没时间静下来读书写文章，专业都荒废了。"我的大脑反应慢，无法理解这句话的背后到底有哪些潜台词，但我愿意相信这句话中的一个事实：太忙，便没有时间静下来读书写文章。

不读书、不写文章的日子，再忙，也缺乏应有的成长价值。因为不读书、不写作，便不用耗费脑细胞思考新问题，研究新问题，进而也就不会主动追求新事物，践行新主张，创造全新的生活模式或工作模式。而大脑长时间不更新，就会滋生病毒，就会运行速度越来越慢，最终被他人强行格式化，输入他人的思维程序。这样的"勤劳"，与真正的成长之间，隔着孙悟空的一个筋斗。

给每天作一个与众不同的注释

法国大作家雨果说，每一个十字架下都埋藏着一部长篇小说。这句话的言外之意，是说每个人的岁月其实原本都可以成为波澜壮阔的长篇小说。遗憾的是，过分的劳碌，往往会造成这部长篇小说主要情节的简单雷同，把本该精彩无限的《一千零一夜》，折腾成了一篇只被评为40分的"简单记叙文"。

教师这份职业，倘若剥离掉各种外加的荣耀和光环，只关注其工作形态，很容易发现它的简单与重复。简单，体现为始终围绕备课、上课、改作业、与学生谈心这四个核心事件开展工作。重复，体现为同样的事从刚踏上工作岗位一直需要做到职业生涯终止，甚至刚走上讲台时教的那点儿知识，退休时依旧在课堂上重复着。简单与重复很容易构成岁月时光的"情节雷同"，无法抒写环环相扣、波澜起伏的"精彩剧情"，只将"从前有座山，山里有座庙，庙里有个老和尚在讲故事"的故事，无限循环地讲下去。试想，如果真有一个人，每天早晨6点开始就讲述这个故事，一直讲到晚上11点才休息，第二天又继续这样说下去，一直说到退休，这样的"勤劳"意义何在呢？每次想到这样的教育人生，都有一种强烈的悲凉之情从灵魂深处溢出。

有滋有味的教师生涯绝不应该如此。

就说备课吧。同一个教学内容，如果不同年度、不同班级始终用同一份教案去教，并不会影响相关知识与技能的简单告知。当其同大量的课后作业结合时，学生们的考试成绩或许还很突出。只是对于教师自身的专业成长而言，便永远都在原地踏步。如果在每一年度、每一班级教该教学内容时，都想着有所变化，想着紧扣特定的学情、特定的学习目标、特定的课程任务、特定的时代要求而创造性开展学习探究活动，则今天的备课便与昨天的备课不同，明天的备课又和今天的备课不同，每一天都有一些新思考和新发现，每一课都获得了"与众不同的注释"。

　　上课更是如此。有一个事实，相信所有的教师都认同：没有人能够完全复制一模一样的课堂。教师可能在教学中提出的问题完全相同，但学生的回答绝不会完全一致。其实，教学的趣味与精彩也正在此。有思想的教师会依照学生的理解而不断生成新的教学问题，不断修正自身的教学流程，进而在课堂上收获一个又一个"无法预约的精彩"。缺乏创新意识的教师则不论学情如何，只依照预设的教学流程从开端走到结局。

　　十多年前，我写过一篇文章，谈六次执教《沁园春·长沙》的六次变化。六年前，我又写了一篇《从"五彩缤纷"到"返璞归真"》，系统总结从教以来语文教学理念和教学技法的不间断的自我修正过程。我很难接受直接依照他人的教学设计开展教学活动，也不接受用自己的上一轮教学中的旧教案组织开展新一轮的学习活动。于我而言，一节课只有"复制""粘贴"而没有创新，是一件不可接受的事。

　　如果愿意开动大脑思考、探索和实践，教育教学中的每一天都可以拥有一个与众不同的注释。就像哲学家所说的那样，人不能两次踏入同一条河流，教师也不能两次踏入同一个教室。时代在变化，学生在变化，课程在变化，教师哪里有不变的理由呢！

　　教育工作者真正的勤劳，应该就是顺应各种变化，做一名永远面对新事物的研究者和改革者。

做一个勤于思考和创造的人

　　十多年前，一位女学生在随笔本上写过这样一段文字，被我这个语文教师摘抄下来作为警语："平凡生活对生命的最大伤害，莫过于用一天天的劳作填满整个时空，让人沉溺在忙碌而充实的假象中，误以为很努力，很有收获。真正有价值的生活，应该每天都迎接一份新的挑战。"我看到过太多的人，在忙碌中把数十年过成了简单的一天，所以我常常会琢磨：当每一天清晨醒来时，都可以准确知晓今天、明天、后天、下个月的任何一天、下一年的任何一天自己会在几时几分做什么样的事，这样的生命，如何才能不平庸？

答案或许很多，但最根本的一条是远离只有体能和时间消耗，没有新思考、新发现和新创造的虚假"勤劳"。当一名教师忙碌到没有时间阅读、没有时间反思、没有时间探索教学新理论与新方法时，这样的"勤劳"只能带来专业发展的停滞、倦怠甚至毁灭。

该完成的工作当然得做，问题的关键在于，很多看起来很重要的工作，其实一点也不重要。比如，每一节课都布置很多课外作业，每天都用几个小时批改作业，每天都花时间和未能高质量完成作业的学生苦口婆心地交谈……如果备课时对教学重难点进行了科学预测，教学时对重难点进行了梯度训练，对学生的学习质态了然于心，为什么不只针对这些重难点布置适度的作业，既给学生自主复习、自主消化的时间，也给自身腾出一两个小时用来阅读、思考和探究？

授课同样如此。新一轮课程改革全面推进的这几年，为数众多的教师感觉课时不够用，很多该教的内容没时间教。课时安排真的不够吗？事实绝非如此。以语文学科为例，新课改强调单元整体教学，强调"用课文教""用课文学"。但缺乏课程意识的教师依旧采用传统的单篇教学技法，不分轻重主次，每一篇课文都精讲精练，时间自然就不够用。把本该自主探究的内容都用讲授的方式将答案直接告知了学生，这样的"勤劳"何尝不是对教育教学的"刻意侵害"？

善于反思的教师绝不乐意做此等出力不讨好的事。善于反思的教师知道，学习是学习者自身的任务，教师的价值不过是在学习者和学习内容之间搭一座桥，引导学习者由"未知"的彼岸，走向"已知"的此岸。任何时候，教师都不能代替学生学习，不能人为剥夺学生的思考权、探究权与成长权。

在日常的教育教学工作中，教师应该经常反思这样一些问题：我在课堂上教给学生的，真的符合学科课程标准吗？学生为什么要学习这个知识点，它对学习思维具有什么样的促进作用？我所教的课程中，哪些内容会陪伴学生的一生，哪些内容只体现在升学考试中？我为什么要布置这份作业，它具体指向哪些知识或能力？我在这一个星期中收获了什么样的成长经验？我的教育理想是什么，每天为这理想的实现又做了什么？……这些或具体或抽象、或微观或宏观的问题，足以构成教师职业认知的立体化视角。只有经常透过这些视角审视自身的教育教学行为，教师才能走出繁杂事务中的虚假"勤劳"，走向思考与创造的理性之境。

第三节　不轻易放弃任何一个机会

某次外出讲座时，一位年逾五十的同行在休息时找我闲聊，诉说申报特级教师过程中的种种不公平。他说，因为身处县城中学，工作任务重，发展空间小，虽然发表了相当数量的论文，但无缘获得更高级别的综合性表彰，无缘参加高规格的课堂教学竞赛，也无缘在高规格的活动中开设示范课、作专题讲座……

他所说的这些，我都清楚，因为我也在县城中学。和大城市的教师相比，县城中学的教师，确实在很多方面处于专业发展中的劣势。此种起跑线上的不公平，已然造成了太多的发展阻滞，令为数甚多的同行，一边心生畏怯与怨愤，一边知难而退，不再作"非分之想"。

但这些真的都是不可克服的吗？

我对这位同行说："您说的这些，都是在一定范围内客观存在的事实，但您有没有想过，获取荣誉和成绩的路径，并非只有他人铺设出的那一条？许多看似无路的地方，只要认准目标、一步一个脚印地走下去，同样可以踏出一条只属于自己的路。您无缘获得外部赐予的各种恩宠，并不意味着您也无缘获得自我拼搏的各种成就。恩宠之外，机会一直在前方等候着您呢！"

与其抱怨，不如行动

当下各级各类学校中的评优、评先活动，确实存在着太多的问题。

从获奖级别上看：乡村学校的教师，要想获得一个县级表彰，很不容易；县城中学的教师，便容易得多。县城中学的教师，要获得一个市级表彰很难；市直学校的教师便较为容易。此种病症，客观原因在于，每向下一个行政级别,便多了一次筛选排除;主观原因在于,行政级别越高的学校,教师的社会认可度越高,分配的表彰指标越多。

从获奖人员上看,在为数不少的学校中,综合性表彰获得者多为各类行政管理人员,鲜有一线教师。此种现象,看似很"猫腻",其实很正常。在"教而优则仕"的大环境下,学校的行政管理人员,本就多是教育教学的骨干,在繁重的教学任务之外,又担负起学校的管理职责。将荣誉给予这样的人,也符合"奖勤罚懒"的奖惩观。当然,不排除有些行政管理人员在评优表彰中以权谋私。

从评选方式上看,无论是由上级指定人选,还是由群众投票推荐,其关注点往往在于个人品德,而不在于业务能力。大量的先锋模范,或是舍己救人者,或是身罹重病者,或是数十年如一日勤勉工作者,鲜有业务能力突出却清高孤傲的人。其中,群众投票的问题更大,情感的亲疏,往往成为裁定优劣的唯一尺码。而且,群众投票中,还存在一个绕不开的现象——轮流坐庄。既然大家都差不多,不如"皇帝轮流做"。

此三方面的"先天不足",致使一些敢做敢说、不怕得罪人的业务精英,极难在内部指定或群众公投中获得应有的各项荣誉。他们就算有满腹怨气,也改变不了这惨淡的现实。倘若只是一边腹诽,一边满怀期望地等待"轮"到"皇位"的那一天,则即便有再多的工作热情、再多的成长渴盼,也会被时光打磨掉灿烂的色彩,只留下斑驳的印痕,在岁月长河中呻吟。

所以,牢骚与怨愤于事无补,唯一能做的只有自我完善。

我们应该看到,并非所有的表彰都来自上级指定或群众投票。比如,每年的教科研成果奖,大门就向所有的人敞开。只要你确实有成绩,便一定可以在公平的竞争中斩获佳绩。再如,地方政府的名教师、名班主任评选,也是给予所有教师公平竞争的机会。只要你平时注意自身的专业积淀,便能够在各个打分项目中获得好成绩。此外,如"长三角"教科研优秀个人的评比、省教学成果奖的评比、省教学名师的评比等等,也都建立在自主申报、公平竞争的基础之上。很多教师,此类机会一次次找上门来,却一次次将其拒之门外,转身又抱怨评选中的不公平。

这让我想到了一个流传已久的黑色幽默。一位基督徒，终日祈祷，请求上帝赐予他一次中 500 万的机会。有那么一天，在他又一次祈祷后，上帝忍无可忍，开口说话："我的孩子，你总得先去买一次彩票吧！"在评优评先中，类似于这位基督徒的教师并非少数。一方面从不花钱买一张彩票，一方面却终日期盼着获得大奖。

发现并主动拥抱各种机会

我常叮嘱工作室的年轻教师，要珍惜一切公开课的机会。对青年教师而言，开设公开课是有百利而无一害的事儿。公开课可以逼迫开课教师广泛阅读各类辅助性资料，可以在一次次斟酌推敲中发现走向成功的理想路径，可以像蛇一样，脱一层皮，便长大一次。

如果留心一下身边的教师，便会发现，但凡遇到公开课便往后躲的人，其专业发展方面一定停步不前。公开课，就是教师在教学上走向成熟的最好机会。这样的机会，最初会公平地敲打每一名教师的门，请他们走上前台，只是很多人因为各种原因拒绝了这样的邀请。等到他们想要获得这个请柬时，机会已不再愿意轻叩这扇锈迹斑斑的门。

近几年来，我在十余个省市执教过数十节公开课。之所以有这么多的展示机会，一是因为我在平时上了一些探索课，并将这些课的课堂实录发表到了很高级别的刊物上；二是因为我的主动争取。2010 年的全国课改十年经验总结汇报课，授课者本该经历体制内的层层推选而确定，我却绕过了体制这个筐，直接录制了两节课的视频，寄送人民教育出版社中学语文教研室。他们竟然也就大胆地给予了我这次机会。也正因为那次活动，才有了后续的多省市的示范教学邀请。我想，当有人羡慕我拥有很多机会时，一定不会想到，原来这些机会对他同样公平地存在着。不同只在于，我知道机会一直在前方等着我，我便主动迎上前去，和它握手、拥抱。

更多的同行缺乏这样的主动性，更有甚者，对各种拥抱机会的行为还心生畏惧。我曾亲见一位女教师，因为教研组长试图将一个市级汇报课的任务落到她的头上而急得差点哭出声来；我还在邀请一位中年教师参与某个对话活动时,被他以"那么多人看着,多难为情"的理由直接拒绝。这两位老师,在他们做班主任时,一定教育过学生,要争取机会、迎候成功。当机会来找他们时,他们却都主动选择了逃避。当然,更多的原因,或许在于他们并不认为这是机会。太多的人不拒绝伴随显而易见的好处的那些机会,只拒绝他们认为并不能够带来切身利益的那些机会。

教师的能力应是多方面的,养成能力的机会也多种多样。倘若有一位教师,志在行政管理,那么,便应积极参与学校的各种大型活动的策划与实施。只有在这样的活动中,管理方面的才干才能显现,才能被他人认同。反之,总是自比为管仲、乐毅、诸葛亮,却从来不为学校发展出谋划策,从来不在各类活动中展示自我,而是静候着伯乐的到来,渴望伯乐只从"骨骼"上便发现其"日行千里"的杰出才智,一旦长时间无法达成自己的心愿,便怨天尤人,一方面责怪管理者平庸,缺乏伯乐的识人之才,一方面哀怜自身的怀才不遇、壮志难酬。这样的"千里马",或许最初真的能够日行千里,但藏得太久了,也便只剩下了日行千里的青春记忆,再无那份纵横驰骋的实力。

由杰出而沦为平庸的人,莫不如此。

何妨有点儿名利之心

在我们的文化语境中,追名逐利似乎有违君子之道。从小到大,我们接受了太多的"淡泊名利"甚至"视名利如粪土"的正面教育,把谦让视为无上的美德。谦让当然很好,但有一点儿名利之心也不见得就是坏事。一个没有丝毫名利之心的人其实极为可怕,因为他要么真正悟透人生,进入了四大皆空的境界,要么全无进取之心,完全以极端颓废的态度消极应对人生的各种变化与挑战。这样的人,无欲无求,无嗔无恨,不思建功立业,不求青史流芳。他们的世界,只是他们的内心。心大则世界大,心小则世界小。和这样的人一同生活,你便如同生活在真空之中。

倘若有一点名利之心,便有趣多了。运动场上,有了名利之心才有了奋勇争先、你争我夺;生活中,有了名利之心才有了努力工作、力争上游;

学习上，有了名利之心才有了永不服输、全力以赴。名与利犹如道路前方的光亮，引导着人群朝着本该行进的方向前行。

我们当然不能否认某些名利对灵魂的戕害。只是，能够戕害灵魂的，是被附加了太多邪恶元素的名与利，而非日常生活中建立在对各种机会合理利用前提下的名与利。对于基础教育阶段的一线教师而言，想要评一个职称，评一个优秀，获得一份表彰，赢得一份奖金，本就是这个物质化的时代无法避开的价值诉求。追求这样的名与利，伴随着的必然是自身的发展与提升。如此，既可以达成自身的名利诉求，也在客观上提升了自己的工作能力，有什么不好呢？

生活中难免有一些损人利己者，甚至有一些损人而不利己者。总有人在追求名利的过程中，以侵害他人的名利为前提，这样的"追名逐利"当然不值得提倡。如果只是在面对某个机会时能够凭借自身的丰厚积淀而捷足先登，如果只是依凭实力而率先抢夺了不够平均分配的果实，这样的求名逐利，虽然同样会被失败者诟病甚至谩骂诋毁，但又有多少不合理的成分呢？

我有一个徒弟，很年轻。当学校职称评定因为指标所限而不得不采用异常苛刻的打分制时，谁也没有想到，她的分数会遥遥领先于许多工龄更长的教师。她并无什么成功秘藉，只是特别善于拥抱机会。别人不愿承担的公开课，她快乐地承担；别人不愿做的班主任，她一做就是数年；别人不屑参加的各类论文竞赛，她一个不落地全部认真参与；别人避之不及的各类培训，她高高兴兴地前往取经……她做这些时，并不知道有一天会转化为职评中的分数。她只是因为这些都是专业成长中应该承受的任务，便义无反顾地承载下来，并用心去将每一件事做好。

有人说她是好出风头。这话其实也对。如果出风头就是把该做的事情都认认真真地做好，这样的风头，出得越多，越有利于成长。怕只怕静不下心来阅读、反思与实践，只追求华而不实的虚假作派。那样的出风头，便是"打肿脸充胖子"。

在正常的生存环境中，名利面前人人平等，只看谁更早努力、更早准备、更奋发有为。为了生命更良好地绽放而努力汲取各种有益的"养分"，并在此过程中唤醒好胜心和使命感,如此,逐自身的名与利,实现自身的存在价值,提升自身的文化素养和工作能力,反过来又可以为他人和社会作出更大的贡献。这样的名利之心,为什么不能拥有呢?

一线教师,只要不损伤自身人格,非法抢夺他人成果,便可理直气壮地追求自己的名与利,大可不必做出清高模样,以视功名为粪土的眼神鄙夷地看待他人的奋斗和成功。

相机而动,永不停歇

回到最初的话题。那位因为身处县中,且"工作任务重,发展空间小",以至于"无缘获得更高级别的综合性表彰,无缘参加高规格的课堂教学竞赛,也无缘在高规格的活动中开设示范课、作专题讲座……"的教师,该如何拥抱前方道路上的各种机会呢?我以为,最关键的一点,是"不等不靠,自力更生"。

一方面,既然已经有了很强的教科研能力,那就继续将其做大做强,让教科研走向更深刻的文化视域。倘若写出来的每一篇论文,都能给阅读者带来深刻的思考与启迪,则其科研影响力一定会越来越大,累积到一定程度,自然会有人邀请他参与学术活动。如此,作讲座或学术交流,便不再是难题。

另一方面,要善于另辟蹊径。高级别的综合性表彰短时间内无法获得,那就在低级别的各种表彰上作努力。在一切依靠自身努力可以争取的荣誉面前,用切实的行动,堂堂正正地争取。当量的积累达到一定程度之后,高级别的综合性表彰就不再遥远。

要将这两方面的内容变为现实,最大的障碍,在于"小富即安"。发表的论文只比别人多几篇,又没有广泛的社会影响,教科研能力便难以获得一致性认同;平常极少上公开课,课堂也不够精彩,便不会有人主动找上门来请他执教大型活动的示范课;年轻时不参与各类课堂教学竞赛,等到需要这方面的材料时,又幻想着和功成名就的人拥有同样的机会,只能是痴人说梦。须知,机会就守候在前方,别人早已上路,并持之以恒地行走,后行者有什么理由抱怨他们抢占了前方的道路?

人生最可悲的,不是行走在满是荆棘的道路上,也不是行走中的孤独,亦不是坐在路边为行走者喝彩,而是明明身强力壮,却赖在安乐窝中不出发,并且对行走者说三道四。身强力壮是上天赐予的机会,道路与目标也是上天赐予的机会,他们却将这些机会一概丢弃,又如何能够迎来远方、诗和鲜花?

有一句话说得很好:"当我们被别人嫉妒时,只说明我们还不够强大。"一个人如果能用自己的力量将前行道路上的各种机会悉数收于囊中,再用这些机会一点点壮大自身,随之而来的,便不只是相应的名与利,还会有更多的机会敞开怀抱迎候着他的光临。每一名卓越教师的成长,无不建立在对各种机会的合理追求与理性运用之上。

第四节　教养，一份值得期待的收成

我曾写过一篇公众号文章，褒扬一位每次从我手上接过试卷必道一声"谢谢"的女生。我把这篇文章说给班级里的学生听，读到我这篇公众号文章的同事和校长也把这件事说给学校里的其他学生听，后来再监考时，双手接过试卷并认真道一声"谢谢"的学生越来越多，反而让我不好意思一次次接受他们的谢意。

又一次监考考试时，先发草稿纸，再发答题卡，然后发试卷。试卷共三张，需要分三次发。我在连续两次接受了多位学生的"谢谢"之后，终于承受不住这份感谢，把三张试卷一次性发了下去。这样发的好处，是面对伸出双手接试卷的学生，我也可以双手递上试卷。倘若一张张地发，用双手递给学生便貌似过于神圣且做作，用单手递给学生又缺乏礼数。

这件事，或者说这种现象带给我的一个启迪是，教养原来可以预约并值得预约。能否预约成功，首先看教育者自身是否具有这样的教养，其次看教育者是否乐于传递这样的教养。

教师应善于发现并预约学生的教养

在校园中，时常会遇见一些极有教养的学生。

依旧是监考，一个小男生在考试考到一半时举手报告，申请上厕所。得到我允许后，他不是像其他学生那样风风火火地奔出去，再风风火火地闯回来，而是轻手轻脚地走到门前，用最轻的力量缓缓打开教室的门，出去后再缓缓地把门关上。尽管如此，钢铁之躯的防盗门还是发出了些微的声响。

片刻之后，这个小男生回来了。他是如何打开教室防盗门的，我一点也没感觉到，但我看见了他如何关门。他用了至少十秒钟的时间来关这扇门，双手握住门把手，一点点往前推送，不让门发出一点儿声响。待门完全关闭之后，他猫着腰，轻手轻脚地走回座位。桌子和椅子也没发出一点儿声音。

我瞬时对这小男生生出了一份敬意，为了他这份难得的教养。此种教养显然来自长时间的自我约束和修炼，来自良好的家庭教育。我记下这件事，则是希望学校也成为此种教养的重要营养源。

我们这个时代，"律己"与"利他"正在遭遇"精致利己"的全方位攻击。世俗社会中的很多人（包括一部分自以为很有修养的教育工作者）都不看好这两种品格，认为这样的人在日渐残酷的社会竞争中注定会遭遇挫败。在这部分人的思想中，好勇斗狠、弱肉强食才是为人的"正道"。或许，正是因为这部分人的存在，这个小男生才显得格外可爱可敬吧。

我把这个小男生的故事写进这本书中，是希望我的教育同行们能将这样的学生、这样的行为介绍给自己的学生。我相信，总会有人在听了这个故事后，开始轻手轻脚地开门关门。这样的学生多起来，学校想要实现的绅士梦和淑女梦才能抵近目标，课间的"歇斯底里"和"山呼海啸"才会逐步消失。这样的教养，也必然属于可以预约的收成。

那天监考结束后，去食堂吃饭，我又发现了一种有趣的现象：在路途中遇到学生时，高三和高二的学生半数能主动道一声"老师好"，高一的学生便差了很多，几乎无人问候。这种现象，不正说明教养可以预约吗？高一的学生还未经历长时间的教养教育，未能形成人之为人的必要教养。高二和高三的学生在校园中待得时间长了，潜移默化中便逐步拥有了应有的教养。

那就预约一下吧，希望每一年的高一的学生都能够尽快收获教养的硕果。

教师更应该重视自身的教养

若干年前，设区市每学期都至少举行一次统考。统考之后，便将市直以及各区县的教师集中在一起阅卷。每次集体阅卷，都会被一些人、一些事刺激，让我不得不一次次"自觉"剥离早些年附加于"语文人"这一概念中的各种诗意与浪漫，以至于仅使其剩余"教语文的人"这一最无趣的定义。

一个"教语文的人"，很年轻，也很时尚，总是一边"咔嚓咔嚓"地吃着零食，一边漫不经心地敲打出她想给出的任何一个分数。而且，下午2点半以后，机房中就再也不见她的影踪，别人却工作到5点半。

又一个"教语文的人"，很年轻，也很时尚，常常用半个小时研究手机上的各种信息，再用十分钟时间，以十秒钟一篇作文的阅卷速度，"保持"着阅卷数量的"不掉队"。

再一个"教语文的人"，上午人均50份的任务，她完成了25份；下午人均150份的任务，她完成了65份。不是她看得特别仔细，而是她经常性"失踪"。

还有若干个"教语文的人"，总有很多事务需要处理。打电话却又不走出机房，而是"慷慨"地与众人"分享"。于是，学生请假、晚自习调班、家长咨询、孩子哭闹等各色信息，便不时回荡在机房中。

凡此种种，虽只是极少数人的行为，却如混入饭菜中的不洁之物，令人陡生厌恶之情。更要命的是，语文教师中存在的这些缺乏教养的行为，其他学科的教师中也同样存在。

按理说，这样的事儿只该是学生作文中的虚构，用作不文明行为的例证材料。我们这些"教语文的人"，还会在课堂上以"道德代言人"的身份，引导学生深入挖掘这些行为背后隐藏着的那份"小"。能力出众的语文教师甚至能够由一己之作为而发现整个民族的"劣根性"。只是，说教是一回事儿，自身的行为是另一回事儿。

我相信，每一位教师都不会对"君子慎独""不欺暗室"这类短语感到陌生。独处或身居暗室时，尚且需要约束自身的行为，又何况是大庭广众之下？在公共场合不吸烟、不大声喧哗、不吃食物已然成为文明社会中普通公民必须遵守的基本公德，承担着育人使命的教师，却连这些都做不到，又如何能够培养出有公德心、有教养的学生？

我们当然反对无限放大"师德",反对一切不切实际的规范与要求。但身为教师,总该把自己定位为一个"腹有诗书"之人,哪怕这"诗书"只是一套又一套的模拟试卷,只是除了应对考试便再无用途的答题规范和解题技巧。当我们一次又一次引领学生亲近各种美妙的文字、感悟各种美好的情感、体察各种深刻的人生觉解时,那字里行间的神采与风韵,总该在我们身上镌刻出或深或浅的印痕,让我们的生命拥有和其他人不一样的宽度、深度与温度。

教师的修养来自日常生活的精雕细琢

读初中时,我有幸遇到了一位杰出的教师。这位教师严谨、深刻、博学,更重要的是,在他身上我可以时刻感受到一种古典的气息。他从不在十步之外呼喊他人,从不风风火火或心浮气躁地处理各种事务。他曾生活于 20 世纪 70 年代的动荡中,却把岁月经营得极为平和雅致。

我做了教师后,把这位教师视作"教养"这一概念的正解。我乐于用这样的"正解"作为自身的行为准则,也乐于用这样的"正解"看待教师这一职业身份。我可以容忍社会上其他行业从业者的世俗与粗鄙,却看不得教师的不学无术和急功近利。所有的教师都应当用书香浸润自己的生命,用修养锻造人生的辉煌,如此才能担得起"有教养"这三个字。

遗憾的是,生活总是用最无情的手段切割所有的诗情画意。当教师不再追求教育教学的温暖而只追求平均分背后附加的奖金,当教师一边咒骂着他人的草菅人命一边又心安理得地在阅卷时"草菅人命",当教师把公众场合视为自家的菜园而随心所欲地"表演"各种荒诞剧……教养,便成为教师这个职业亟待补充的成长养分。

我在很多方面也缺乏应有的教养,比如缺乏包容心、缺乏同情心、容易躁怒、任性而为等等。形成这些缺陷的根源,我以为还是"教师"这一独特身份。因为身处相对单纯的校园,没有过于复杂的人际关系,做出了某些缺乏教养的事,也不会收获太多的恶果;又因为在学生面前拥有绝对的话语权,哪怕说错了也不会立刻遭遇反击,也就养成了随意批评他人的恶习。作为一名公民，我不在公共场合大声喧哗，不侵害他人的各种私权利；作为教师，反而因为身份的特权，经常性侵害学生的私权利。

当我意识到这些方面的教养匮乏后，虽也努力修正自己的行为，但效果并不显著，所以我永远处于自我完善的路上，很难抵达终点。

绝大多数教师如我一样，存在着程度不等的教养缺失问题。比如，有些年轻的教师，在校园中遇见所有的同行皆采用视而不见的方法对待，这便算不得有教养；有些年长的教师，在校园中随手乱扔烟头、随口吐痰，这也算不得有教养；有些教学行政人员，在校长面前和在教师面前持有两副完全不同的面孔，这依旧算不得有教养；有些副校长或者校长，稍不开心就在教师或学生面前大发雷霆，甚至谩骂或羞辱师生，这更算不得有教养……教养不因为教师这个身份而自然生成，任何一个方面缺乏足够的反思，都容易出现教养的缺位。

每一位教师都不可能是品行上的完美无缺者。只是，唯有先"知耻"，然后才能一点点弥补或修正。有些暂时缺位的教养，稍加修炼便可拥有，比如阅卷时不吃零食、不在机房里大声打电话、在校园中和同事打招呼、不乱扔烟头等等。有些教养，纵使努力一生，也只能接近，无法抵达，比如灵魂深处自然生发的律己、利他、悲悯、宽恕、敬畏等等。容易拥有的这些教养，我们可以称其为"小教养"；难以抵达的这些教养，我们可以称之为"大教养"。天下万事皆存在"积小为大"的道理，教师的教养，也应该从"小教养"开始完善，在常态化的教育教学中逐步修正偏差，朝向"身正为范"的目的地进发。

守望纯净，努力收获更多的教养

教育可以应试，但教育绝不只是用来应试。同样，教师可以教应试技法，但绝不能只教应试技法，不教指向未来生活需要的技能，不教修身与做人，更不能只要求别人修身，却自我放纵。一位合格的教师，虽不必学贯东西、"绣口一吐就是半个盛唐"，但也绝不能腹无诗书、眼无光芒、言行无教养。合格的教师，不是知识的搬运工，不是他人思想的跑马场，更不是混一口饭的市井草莽，而是文化的传承人、情感的领路人、价值观的启蒙者、美好行为的践行者。这是教师的教学使命，也是教师的应有教养。

当我们这样定位教师的教养时，并非是将教师抬举到"半人半神"的位置，只是合理申述教师的应有品质。有人说，学校是尘俗世界中的最后一块净土。此种说法固然指向儿童世界的纯净明澈，亦不排除指向教师修养的相对完善。倘若教师的修养出现群体性缺失，少了书卷之气、悲悯之情、敬畏之心，多了暴戾之气、铜臭之味、放纵之态，则教育便再无雕塑灵魂的能力。

所有的短板均需要修补，所有的短板也都能够修补。前提是先借助专业反思自我检视，发现自身的缺陷，找到那些短板，然后拿起专业阅读、专业实践、专业写作的工具，从自身实践中、从他人智慧中获取理想的板材，最后用持久的行动作为黏合剂，用目标明确的教育教学实践补上短板。在此主动性自我修复的过程中，教师不但能够日渐完善自身的道德建构，而且能够不断提升自身的专业素养，使自身拥有更强大的成长动力。

当下，为数众多的学校将"过一种幸福而完整的教育生活"视作师生共同成长的根本诉求。"幸福"的内涵或许无限丰富，"完整"的内涵却相对聚焦，始终锁定"人的完整"。"人的完整"中的"人"，以学生和教师为主，还包括家长以及与教育相关联的其他人；"人的完整"中的"完整"，既指向学习内容的完整、知识结构的完整、技能训练的完整，也指向师生认知的完整、情感的完整、人格的完整、教养的完整。

人皆向往精致的生活，没有谁愿意终日苟活于粗鄙之中。精致固然离不开物质，更离不开内在的教养。身为教师的我们，唯有始终守望灵魂的纯净，才能不断收获更多的教养。

第六章
用文字确立灵魂的高度

天下的文字只有两种：他人的，自己的。

他人的文字，需要借助阅读而获取；自己的文字，需要借助思考而诞生。如果将专业阅读、专业写作和专业发展共同体视作教师成长平台的鼎立三足，文字便占据了三分之二的份额。教育的丰盈和教师的成长均离不开文字的滋养。因为阅读他人的文字，我们得以少走无数的探索之路；因为写作自己的文字，我们得以不停歇地反思自身的作为，去伪存真，去粗取精，最终实现生命的精致与多彩。

有一个事实毋庸置疑：一个人的灵魂能够抵达的高度，一定以读过的、写过的文字为台阶。文字能够为我们剥离生命中的各种赘余，能够为我们注入长久的兴致，能够为我们拨开尘俗世界的各种遮蔽，能够为我们照亮暗夜中的漫漫长路。没有文字，便没有文章、文学与文化，便没有传承、理解和发展，便难以立德、立功与立言，便难以见自我、见天地、见众生。

我所说的这些"文字"，特指能给阅读者和写作者带来正向的能力提升、视野拓展、情感润泽、灵魂净化的各类作品。从教师专业阅读的角度而言，又集中指向三大类作品：学科本体知识类、教育教学理论类、通识作品类。至于教师自己创作的文字，也以贴近自身专业发展的教育随笔、教育叙事、案例分析、教学法研究为主。身为教师，唯有置身于这样的文字包围之中，才能及时了解教育教学自身发展的那些事，才能理性且相对全面地认知社会发展中的那些事，才能最终知晓自身的各种缺陷、了解自身的发展方向、掌握自我完善的相关方法。

第一节　教师应该如何读书

不读书的教师或许从来没有，不读专业性较强的教育教学理论著作的教师却未必少见，不阅读深奥甚至晦涩的哲学著作、古典史学著作的教师亦不属于"珍稀品类"。之所以会出现此种阅读状态，一方面是因为基础教育领域中的教师在应对日常教学工作时往往并不需要高深理论作支撑，也不需要挑选本学科最前沿的科技成果充当教学内容；另一方面是因为教师自身的专业发展意识不够强烈，对相关联的理论与实践成果缺乏足够的好奇心与探究欲。

在专业阅读价值日渐凸显的当下，能否接受并逐步爱上具有较强理论色彩的专业著作，已经成为教师专业成长过程中的一道分水岭。优秀教师将借助专业阅读不断修正专业实践中的各种偏差，始终保持与最新教育理念、最新教学技法的同向行走；不进行专业阅读的教师则始终固守自身认知的小圈子，围绕着教材中的那点儿基础知识和基本技能，以"拉磨式"的行走，永恒地重复相同的劳作。经历一定的时间之后，两者间的眼界、思想、情怀、理性等便逐步拉开距离，由从业之初的齐头并进，到最终的难以望其项背。

更多的教师，则处于既不完全拒绝专业阅读，也未养成自觉阅读习惯和必要的阅读能力的专业阅读"中间带"上。要想让这个"大多数"成长为专业阅读者，需要外力的推动，需要自身的"觉悟"，亦需要一定的专业阅读技能。"外力"绝非行政力量，而是来自特定的专业阅读共同体的激励与推动；自身的"觉悟"也不是临时性生成的阅读冲动，而是基于成长中的困顿、思考与探究而持之以恒地开展阅读行动；至于专业阅读技能，则包含了阅读内容的选择、阅读目标的确立、阅读方式的运用、阅读程序的设定、阅读效果的检测等诸多方面的能力。

专业阅读的目的与基本方法

受个体学养、阅历、经验、情怀、职业取向等内在因素和教育生态环境等外部因素的双重制约，几乎每一位教师的专业阅读目的都不尽相同。一般而言，新入职教师进行专业阅读，以获取教育教学能力为主要目的；成熟型教师进行专业阅读，以拓宽视野、更新知识储备为主要目的；骨干型教师进行专业阅读，以助力教学变革、破解教学中的疑难杂症为主要目的；卓越教师进行专业阅读，以滋养情怀、润泽生命为主要目的……

此种表达，建立在所有教师都渴望通过阅读而获得持久的专业成长的前提之下。事实上，处于任何一个发展阶段的教师，在专业阅读的目的、态度和持久性等方面都存在着较大的差异。有人为了达成某一目标而开始专业阅读，目标达成之后便不再进行专业阅读；有人却将每一个成长目标都视作一个全新的起点，朝向更加专业、更为精深的方向持久性开展专业阅读活动。

即便都热爱专业阅读，都将专业阅读视作提升自我教育教学能力的不二法宝，教师专业阅读的目的依旧会有差别。比如骨干型教师的专业阅读，有人通过阅读而研究具体的教学技法，进而达成"助力教学变革"的目的；有人通过阅读而修正教育理念，进而达成"助力教学变革"的目的；还有人通过阅读而对比分析不同教学理念下的认知差异，在知己知彼中建构自身的教学范式；也有人通过阅读而自觉清空既往认知中的偏差，用全新的教学主张呼应教学中的各种变革。

只有一种专业阅读目的不会"因人而异"，它的名字是"成长"。专业阅读极少具备休闲、娱乐的功能，一切的专业阅读，最终必然指向"成长"这一目标。至于"成长"所呈现的具体形式，都不过是这棵树上的枝叶。从这一最宏大的共性化专业阅读目的而言，所有的专业阅读，都是在为职业生命奠基、筑台。

阅读学研究的相关成果中，专业阅读的目的被区分为"印证"和"融合"两种类型。"印证"，是为了从权威理论中寻找自身教育教学行为的支撑点；"融合"，是为了将他人的智慧转换为自身的学养与能力。能够统辖这二者的，依旧是"成长"。

同样是在阅读学研究的相关成果中，专业阅读的基本方法被提炼为"读薄"与"读厚"两种形态。"读薄"，即通过筛选、提炼、整合，将一部作品的核心内容提取出来；"读厚"，即在阅读中举一反三、触类旁通，以一部作品的阅读，带动若干知识信息的体系化梳理与建构。"读薄"与"读厚"不是同一语境下的一对反义词汇，而是不同阅读状态下的两种意义类型。其中，"读薄"只是一种阅读方法，"读厚"则既是阅读方法，也是阅读目的。"读厚"不只是为了获取更多的信息，更是为了运用这些信息服务于自己的工作、生活与生命。把书"读厚"，是因为要拓宽生命的宽度，挖掘生命的深度，增强生命的厚度。

在《教育的目的》一书中，英国教育家怀特海将人的智力发展归结为浪漫、精确和综合运用三个不同阶段。怀特海认为，正是这三个阶段的循环滚动，推动了人类智力的不断发展。教师的专业阅读同样可以表述为这样的三个阶段：绝大多数的专业阅读，最初并不具备精确性，而是基于一份对阅读本身的浪漫认知。只有当阅读进入到一定境界后，才依次进入专题性阅读和综合运用这两个层级。

如何选择专业阅读书目

没有哪一部专业著作能够满足所有教师的成长需要。同一部专业理论著作，有人觉得生涩难懂，有人却甘之如饴，这背后隐藏了太多的个性化因素。因而，阐释"如何选择专业阅读书目"这一论题时，并非为了开列一份具体的专业阅读书单，推介某些具体的作品，而是为了探究书籍选择与教师专业发展间的逻辑关系，为教师专业阅读寻找一条相对理性的行走路径。

从教师专业发展的共性化质态而言，5年以内教龄的新教师应侧重于阅读具有较强的教学实践性的论文与著作。可较为系统地研究"如何备课""如何设计学习情境""如何组织高效的课堂活动""如何设计完善的教学流程""如何形成有效的教学管理"等技能性问题。绝大多数的新教师需至少订阅一份本学科的权威期刊，将其作为专业阅读的首选内容。在此基础上，还可以挑选本学科内公开出版的教案或课堂实录，仔细推敲名师授课中的起承转合的技巧。该教龄段教师的专业阅读，重在养成并提升自身的教育教学能力。

5至15年教龄的教师，在上千个平凡日子的磨砺下大多丧失了从业之初的浪漫与激情，而其教学也因为时光的锤炼变得日渐成熟，这时，技巧便不再是阅读的主角。这个教龄段内的教师，应将专业阅读的内容锁定在教育思想、教育情怀、教育素养、教育管理等方面，借助于持久的专业阅读，不断修正自身对教育的认知偏差，不断润泽自身的教育情感。此外，也应继续订阅至少一份专业教学期刊，在阅读中及时更新自身的知识储备。该教龄段教师的专业阅读，重在审视行走的方向与方式，确保自身不成为教育变革的局外人。

16至25年教龄的教师，一方面积累了极为丰富的教学实践经验，且正当年富力强之时，往往已经成为学校的教学中坚力量，另一方面又很容易被自身的经验束缚，在终日忙碌中迷失了更好成长的目标、方向与路径。这个教龄段内的教师，应尽可能多地阅读国内外最新的教育教学成果，加大理论著作的阅读力度，促使自身能够站在较高的理论平台上审视自身的教学实践行为。处于这一教龄段内的教师，与专业阅读相伴随的往往是对旧知识、旧经验的"清零"。这一过程犹如凤凰涅槃，咬紧牙关坚持，便可迎来全新的世界。该教龄段教师的专业阅读，犹如汽车的养护，有更换，有清理，力求去除杂质，保持最佳运作状态。

25年教龄以上的教师，倘若依旧有强烈的专业阅读欲望和专业探究情怀，则注定已然是地方教育中的佼佼者。此类型教师的专业阅读，应突出"大情怀""大视野""大格局"的特色。教师应在学科本体性知识和教育理论之外，大量地阅读心理学、哲学、历史学等方面的专业作品，同时对前沿科技发展和未来社会发展保持强烈的好奇心。该教龄段教师的专业阅读，更多体现为对教育本真的深度思考与探究，体现为对教育应有的美好质态的强烈追求，体现为对学生和教师自身"过一种幸福而完整的教育生活"的憧憬与践行。

上述四个教龄阶段,仅属于总体上的粗线条归类。事实上,相当数量的新教师可能在大学期间便开始有意识地研究当下的学科教学理论和技法,而其走上工作岗位后又能够一边实践一边阅读最新的教育教学理论著作。如此,这种类型的教师或许只需要5年时间,便可抵达有些教师30年时间都未能达到的教学高度。专业阅读归根结底是个性化的行为,只要愿意读,读得懂,能在教育教学中融会贯通,则第一教龄段的新教师也可以在从业之初便大量阅读第四教龄段的教师所读的那些作品。

如何打通阅读与实践的关联

人的大脑犹如厂房,有些用于储藏物品,有些用于安装设备,制造物品。阅读就如同将外部世界的物品运输至大脑这个厂房。如果只是将外部世界的信息储藏到自己的大脑中,不让其参与新物品的加工与制造,则这样的信息储藏毫无意义;只有将外部的有价值信息和内在的需求融合起来,"制造"出切合实际需要的新信息、新认知、新技能、新方法,才能打通阅读与实践的关联,使专业阅读成为提升教育教学实践能力的助推器。

不过,正如工业生产存在着粗加工、精加工以及产品创新开发的差异,专业阅读中的融合与创造也因为阅读内容、阅读者学养与理解力等因素的影响,必然存在着"低路迁移"(low- road transfer)和"高路迁移"(high-road transfer)的差别。前者体现为借助专业阅读而获取名师的教学设计,然后直接应用于自己的课堂,即"具体—具体";后者体现为从专业阅读中获取具体的案例、技能与思想,将其与自身的专业实践相结合,提炼出具有共性化价值的新认知、新思考和新实践,然后应用于具体的教育教学实践,即"具体—抽象—具体"。

两种迁移虽都能够打通阅读与实践的关联,但"低路迁移"的关注点只在于具体的技法与流程,缺乏对学情、课程等动态化信息的有意注意,也就难以形成指向"人"的健康成长与未来需要的高品质教育教学行为。"高路迁移"则注重外部信息在大脑中的深加工,强调专业阅读过程中的消化、吸收、转换、创新,也就能够将来自他人的理论或成功经验顺利转化为阅读者自身的认知能力和实践能力,指导其教育教学工作在理性的轨道上健康运行。

在专业阅读中,"高路迁移"的核心是"抽象"。"抽象"首先体现为专业阅读中的"读薄",即将众多文本中的关联信息进行整合提炼,形成纲要;其次体现为专业阅读中的"读厚",即将提炼出的纲要无限量地转换为具体的教育教学行为。"抽象"不是快速阅读中的划重点句段,不是用物理方法筛选需要的信息,而是外来信息与阅读者认知经验的融合、发酵与生成,是采用化学方法将五谷杂粮酿造成美酒。从这一点而言,专业阅读中的"高路迁移"不以"印证"为目的,而是注重"融合"与"创新"。

比如,当我们阅读一本名师课堂实录时,"高路迁移"能够搭建的阅读与实践通道,不是将名师在某个具体文本中的教学流程完整地"复制"到自己的课堂之上,而是将其作品中的所有实录进行整合分析,寻找其教学中的结构框架,探索其问题设计与活动安排背后的教学价值取向,推敲其具体教学行为中隐藏的教育诉求、教育理性和教育情怀,如此才能跳出以教师"教"为着力点的旧认知与旧行为,步入以学生"学"为着力点的新主张和新实践。

如何建立专业阅读共同体

人皆生活于特定的环境之中,如果所处的环境人人热爱阅读,手不释卷,则专业阅读必然会成为像呼吸一样自然的事。遗憾的是,在当下生活中,太多的人将主要精力投放到工作、娱乐、社交之中,即使偶有闲暇也只想在手机上刷刷短视频,玩玩小游戏,借以放松神经,极少有人能够静下心来阅读一些大部头的专业性著作。

但热爱专业阅读者终究存在。这样的专业阅读者,就如一粒粒良种,被造化之手随意抛撒在"草盛豆苗稀"的田野中。当其依照"良种"的应有成长态势而开展专业阅读时,生长于其身旁的其他"植物"总会用不同的生长方式影响着它：或绽放出一朵娇艳的花诱惑它，或旁逸出一根枝条撩拨它；或遮挡它的光线，或抢占它的养分……时间一长，"良种"往往也就放弃了原初的成长诉求，与身边的万物融为一体。

如此便需要建立一个专业阅读共同体，将散落在各片荒野中的"良种"聚集起来，使其拥有小环境中的共同成长诉求。

最理想的专业阅读共同体来自终日生活的校园。如果有可能，请从自己所在的教研组、年级组或者全校教师中发现这样的专业阅读者，与其结成阅读同盟。这样的同盟不需要太大，五至十人最妙。同盟要确立一个领衔人，协商制定相关章程，设定固定的集中研读地点和时间，建立彼此可以接纳的奖惩措施。

我在负责学校教科室工作时，推行过一个"123名师工程"，即由一位特级教师（或市级学科带头人以上骨干称号拥有者）、两位骨干教师和三位年轻教师组建一个小的专业成长共同体，形成老中青结合、骨干教师引领的专业发展模式。在随后多年的实践中，我发现有三个团队取得了较好的成绩。这三个团队，领衔者都是省特级教师。因为领衔者都热爱专业阅读，都渴望获得持久的专业发展力，其成员也就在良性的团队文化中高水准地开展专业阅读和专业写作。

如果所在的学校规模较小，或者缺乏理想的专业阅读结盟对象，则不妨将"呼朋引伴"范围扩大到所在行政区域的所有学校甚至各行各业。一种方式是申请加入当地的各级名师工作室，在地方名师的引领与推动下，与"提纯"后的骨干教师们共读共研；另一种方式是申请加入民间性质的读书会，在相对松散的自发性阅读团队中各自开展专业阅读；第三种方式是利用地方社交平台征集志同道合者，主动寻找同盟者。三种方式中，第三种最具主动性。

更大范围内的专业阅读共同体只能借助互联网而建立。以我自身的专业成长为例，我的专业阅读就获益于21世纪初的网络BBS。2004年，我走进"教育在线"论坛，结识了朱永新教授和他的新教育实验团队，追随着他们的足迹而开始专业阅读和专业写作。我在线上以及线下一直和新教育实验团队保持着联系，关注他们的阅读动态和教科研成果，了解国内外最先进的教育教学理论。在他们的引领与推动下，我始终没有放弃自己的专业阅读和专业写作，最终成长为特级教师和正高级教师。

受时代发展的影响，当下的网络专业成长共同体已由 BBS 演变为 QQ 群、微信群或其他更为便捷的交流形式。只要你是一个热爱专业阅读的人，就一定能够在无穷无尽的"群"中找到跟你拥有相同志趣的"远方的他"。网络上的"群"犹如一把神奇的筛子，总能在 14 亿人口中为你筛选出数百位或者只是数十位"三观"一致的同道。一旦找到了这样的团队，务必好好珍惜，将团队中的每一个人都视作自身成长的良师益友，与其共读共研，共同成长。

第二节　读、思、行，缺一不可

作家冰心曾半认真半戏谑地说过这样一段话："一个人应当像一朵花，不论男人或女人。花有色、香、味，人有才、情、趣，三者缺一，便不能做人家的好朋友。我的朋友之中，男人中实秋最像一朵花。"这话的本意是赞美梁实秋的才、情、趣兼而有之，将其引入教师的专业成长之中，亦不失为一种理趣兼备的评价标准。可以说，一位优秀的教师，也一定是才、情、趣兼而有之者。

"才"即"才华、才能"。教师不必成为无所不能的超人，但必须对所教学科的基础性内容拥有出众的认知力，对所处学科领域的最新科技成果拥有一定程度的理解。如果某位教师上晓天文、下知地理、炒股、炒房样样精通，琴棋书画无所不能，却缺乏对所教学科内容的深度理解和精准表达，便算不得有"才"，至少算不得有教育教学之"才"。教师之"才"必须指向职业素养，指向育人能力。

"情"即"情感、情怀"。教学绝不是单纯的技术活，毕竟，教学面对的是成长中的鲜活的、有个性的人。教学在技术之外，更需要情感的投入，需要教育者拥有一份博大的教育情怀。只将教学视作谋生工具的人，注定无法成为优秀教师；只有视教学为一份事业、一种艺术的人，才能始终保持一份浓郁的教育热情，才能永无止境地探索教育教学中的各种奥秘。

"趣"即"趣味、理趣"。有人说，漂亮的皮囊千篇一律，有趣的灵魂万里挑一。教学亦是这样，外在形态的好看固然重要，教学内容的"有趣"更具价值。好看的课，学生往往只是观众；有趣的课，学生才是主角。教学中的"趣"，既表现为课堂活动形式的生动，也体现为学习思维的反复"激活"。教学之"趣"，重在培养对本学科的强烈探究欲望。

教师的才、情、趣从来不是"天赐神力",只能来自持久地学习、反思和实践。此三者,缺一不可。

反思型阅读:不放过任何一个教学疑难问题

没有反思与质疑,便没有真正的成长。教师在教育教学中遭遇了难题甚至挫败,无需自责与懊恼,只需反思和阅读。反思不是反省,不是自我检讨,而是回过头来重新梳理,寻找过程中的失与得。反思固然离不开长期积累的经验,更离不开先进理论、先进技能的支撑。如此,反思型阅读便成为教师专业成长中不得不关注的一个论题。

在日常教学活动中,相当数量的一线教师并不缺乏反思。比如,教学中遇到了一个备课时没有考虑到的问题,仓促间无法形成合理的解答,课后往往会静下心来认真思考,找到解决问题的最佳方案,并在下一课时教学中告知学生。有些时候,仅依靠自身力量解决不了这个问题,还会请教同行,寻求帮助,在合作探究中剖解疑难。此类反思以及后续的行动,是教师维系基本教学能力的基础性举措。

反思型阅读却并未成为教师日常阅读的主流。究其根源,一是教师们反思的那些"问题"多偏重于各类资料或试卷中的具体题目,依靠自身或同伴的力量便能够解决;二是拥有的资料不够丰富,就算是有心围绕某一问题开展系统性研究,也因为文献资料的匮乏而不了了之;三是繁杂之事过多,很难静下心来深度探究教育教学中的复杂问题。

然而,教育教学在很大程度上存在着后知后觉性,即使是经验极为丰富的教师,也无法在备课中精准预设所有的问题,比如某些跨学科学习的问题,再如某些需要丰厚的文学、哲学、历史学、地理学知识的复杂性社会现象探究等。当教育教学过程中临时性生成的某一问题超过了教师的知识储备时,教师要有勇气承认自己的知识欠缺,更要在课后围绕该难题及时"补课",用专业阅读"修复"自己的能力短板。现实的教学情境中,时常有教师在遇到自己解决不了的题目时,以一句"这个内容超纲,考试不会考"便搪塞过去,事后也不去研究,不借助反思型阅读完善自身的知识储备，这样的教师在专业上便很难取得大发展。

我在近十年的语文教学中，时常会因为对教材中的某一种表述或某一个注释的质疑而检索阅读数十万字的文献资料。其中，90%的阅读并不能提供我所需要的具体信息。即使是有用的那10%的信息，也还需要经过融合与加工，最终才能形成相对明晰的判断。我所做的这份繁杂甚至低效的文献研究，就是我的反思型阅读。此种阅读，与具体的教学、考试、分数均无关联，其价值只在于修补自身的认知短板，同时为学习者提供一份对比分析的教学素材。当然，我是一位教育写作者，我也会将这些阅读与研究成果写成相关的论文或随笔发表出来，条件成熟时还会将其统整为特定主题的书稿，交给出版社出版。

反思型阅读是基于"问题"引领而开展的主题性阅读，具有"初极狭，才通人。复行数十步，豁然开朗"的特征。此种特点，决定了反思型阅读务求追根溯源，沿着一条路坚持行走，切勿被最初的阅读所见迷惑眼睛，只走三五步便误以为此间并无风景，最终错过整个桃花源。

阅读中的反思：培养一种质疑的品质

反思型阅读之外，教师还会进行其他类型的阅读，比如赏读文学作品、研读专业期刊、啃读名家名作、闲读社会新闻等等。无论是基于何种目的的阅读，都需要培养质疑的品质。学贵有疑，只有将阅读与质疑、反思相结合，外部的信息才能转换为内在的学养与技能。

在现实的阅读情境中，很多人习惯于全盘接受作者的观点，或者全盘否定作者的主张。此种非此即彼的"二元对立"思维模式，对人的健康成长不具备任何有益价值。教师在开展专业阅读或其他类型的阅读时，必须剥离认知与情感中的神化、圣化或妖魔化，只将作者视作一个拥有丰富的人生经验、社会阅历的智者。切不可先贴标签，再依照该标签的标定而寻找对应的答案。

比如，社会上突然出现了某一热点事件，相当数量的媒体一边倒地发出批判之声。作为阅读者，此时我们便需要质疑：事件的真相果真如此？

有没有被遮蔽的起因和细节？有没有内容与过程的选择性报道？当我们带着这样的质疑审视事件的前因后果时，才能避免被舆论裹挟，不成为某些非理性言论的推波助澜者。

再如，面对教育教学领域中突然出现的某些新主张、新理论、新技法，同样需要持有一份质疑与反思。近30年间，教育领域中的"变"成为常态。每一种"变"在其出现之初，都会有若干的论文论著阐释其先进性、可行性与科学性，但为数甚多的"变"仅只维系了一年甚至半年时间，便被实践验证为违背学习规律。故而，当我们阅读各类宣传新主张、新理论、新方法的文章时，同样需要既不全盘否定，也不全盘肯定，而是将其纳入教育教学实践中进行验证，接受契合人情人性、符合事理与常识的信息，质疑并探究暂时不理解的内容。

质疑与反思当然不是怀疑一切。阅读一部20万字的小说，如果字字句句均质疑，均去推敲考证，便不是做学问，而是一种阅读病态。判定某一内容是否应该质疑的依据只有两个：常识，人性。前者强调客观性与科学性，后者强调主观性与人文性。

常识是验证一种主张是否正确的"检测剂"。任何一种思想、一种科技成果，都建立在基本认知、基本规律的基础之上。20多年前，相当数量的媒体报道了一项"重大科技成果"，说是在水中加入某一"高科技物品"，水便变成了汽油。这样的报道，就违背了最基本的化学知识，违背了常识。前几年在教培市场上出现的所谓"量子阅读"，宣扬通过培训可以达到10分钟阅读10万字作品且可以复述80%的内容的"神奇"速读能力，自然也是违背了生物学、阅读学等领域的基本常识。日常阅读中只要发现某种主张超越了自身知识储备中的各种常识性认知，便应该停下来想一想，勇于质疑，然后探索求证。

人性则是衡量文本解读正确与否的"试金石"。阅读任何一篇文章或一部作品时，只要其中涉及人物的语言、行为、思想和情感，便离不开具体且鲜活的人性。人性从来都不是孤立、静止的"点"或"平面"，而是具有千头万绪、时刻被各种因素影响的多元化存在。比如，当我们阅读批判现实主义文学巨匠的那些经典著作时，如果只以简单的"好人""坏人"

为标准分析其行为与性格，或者只以人物的阶级属性为标尺丈量其道德与思想，便很难读懂文字背后的复杂且深刻的人性。只有将作品中的每一个人都视作独一无二的存在，视作被特定社会、特定环境和特定文化"捆绑"与约束的挣扎者、奋斗者、苟活者，才能深切感知个体命运与时代大潮共振中的希望或失望、收获或丧失、成长或毁灭。

在日常教育活动中，教师倘若始终不丢弃常识与人性这两件"法宝"，便能够在阅读中守住认知的理性，通过阅读丰富思想，陶冶情怀，提升学养，润泽生命。

实践中的验证：寻找最理想的存在方式

所有的阅读、反思与质疑，最终都将转换为具体的行动能力。只是，既然是能力，就一定存在着大小之别。有些阅读、反思与质疑能够快速提升阅读者的综合素养，使其短时间内拥有较强的专业技能；有些则仅是帮助阅读者收获几个名词概念，粗线条了解"窗外的风景"，未能助推阅读者建立应有的教育理性，更未能形成具有领先性的教育实践力。差异的分水岭是实践中的验证。前者将阅读中的质疑与反思运用到具体的教育教学实践中，以阅读引导实践，用实践验证理论，快速构建专业发展中读、思、行相结合的立体化成长平台；后者则隔断了阅读、反思与实践的联通渠道，从阅读中获取的理论与方法未能与自身的教育教学实践形成良性互动，阅读的是最先进的理论，践行的是最传统的方法。

在教师的专业成长过程中，专业阅读、专业反思犹如抬头看路，专业实践则是埋头拉车。只拉车不看路，就有可能陷入"拉磨"的认知困局中，忙碌一生却始终在原地转圈；只看路不拉车，则看似志存高远，实则行走一生依旧两手空空。从情感上看，没有哪一位教师愿意接受原地转圈或者两手空空的结局；从教育现状看，却从不缺乏原地转圈者或两手空空者。

要想挣脱这样的成长困境，在行动中学习，在实践中反思与验证不可或缺。实践中的反思与验证，指向教师应有的教育理性与职业素养。唯有行动与反思、验证的长久结合，才能推动教学实践始终朝向教育应有的方向健康发展，才能收获教育教学最理想的存在方式。

反思与验证的前提，是形成思想或认知。教师的教育思想或教育认知，一方面来自自身的教学实践，另一方面来自外部的各种信息，如学生的学习反馈、同事的经验传授、各类媒介中传播的知识与方法等等。教师只有在获取了这些信息之后，才能将其带入自身的工作中进行验证，然后吸收其中的能够"为我所用"的有价信息。

反思与验证的方法，是革新理念、修正教法、用新思考和新主张重构课堂。教育的终极目标，在于为社会培养合格的建设者。为了达成这一目标，教师不但需要善于在教学中传授符合时代发展要求的新知识、新能力，而且需要适时更新自身的知识，不断提升自身的职业素养，确保自身的教学认知与教学实践跟得上社会变革的节奏。当然，"确保"不是漂亮的口号，只能是脚踏实地的行动。此种行动，始于阅读和反思，丰富于教学实践中的创新与探索，最终接受先进教育理论和实际教学成果的双重验证，在"扬弃"中转换为新思想、新认知与新能力。

实践中的验证，究其根本，不过是"行"的过程中的"读"与"思"，其出发点依旧是专业成长中的读、思、行相结合。

第三节　让写作成为一种习惯

我对文字拥有一种本能性的喜好。

读小学的时候，我便对一切由文字构成的物品充满了兴趣。在肚子都填不饱的年代里，我竟然拥有 50 多本小人书，还拥有几部封面早已消失了影踪、当时连书名都不知晓的长篇小说。那时，我最大的乐趣就是一遍遍地翻阅这些图书，或者是和伙伴们比赛背诵《水浒》中一百零八将的姓名、诨号和兵器。

小学毕业时，我已经读了二三十部长篇小说，都是 20 世纪五六十年代的革命题材的作品，如《烈火金刚》《苦菜花》《闪闪的红星》《沸腾的群山》等。进入初中后，我痴迷古体诗歌，在笔记本上抄了很多古诗词，没头没脑地读和背。升入高中后，《十月》《萌芽》《清明》等大型文学期刊已充满了书报亭，学校的图书馆中也有数万册图书，这就为我的海量阅读提供了丰富的资源。那时不懂事，不知道高考的重要性，家长也不管束，我终日里只是疯狂地阅读。高中以及后来插班补习的四年间，读过的长篇小说和期刊应该不少于五百本。

进入师专后，每人每周可借三本书。一个宿舍八个人，汇集起来就是 24 本，我的习惯是把这些书全部浏览一遍。那时读书全无任何目的，就是为了读书而读书。宿舍 10 点半熄灯，我睡上铺，外面的路灯正好能照到我的床上，我便在路灯光下继续读。如果是一本能吸引住我的作品，我注定要一口气将其全部读完，否则决不放下书去睡觉。那时，阅读诗歌和西方的哲学著作成为时尚，我也赶时髦，读了一些这方面的作品。师专三年，我读过的书，应该不少于两千本。

工作以后，我被分配到了远离县城的山区初中，能读到的书少了很多。随后忙于谈恋爱、成家、调动工作、养育孩子，渐渐便远离了阅读。

直到1994年考取华东师大成人教育学院的函授班，才重新把阅读捡起来，并开始有目的地阅读专业类书籍。2004年进入网络世界之后，专业成长也进入井喷期，阅读慢慢地重新成为像呼吸一样自然的事儿。2004年起，我给自己确定的目标是每天阅读一万字，写作一千字。20年来，我做到了。

我的写作"童子功"

我最早的"作品"，出现在小学作文本上。那时，或许是受《红旗歌谣》的影响，整个社会流行顺口溜。小学生作文无论写什么，也总是要在开头先"创作"几句有点儿韵味的歪诗，比如"东风万里红旗飘，七亿人民齐欢笑。红色少年有奇志，誓把江山建设好"之类。我记得我对这种"创作"极有感觉，可以毫不费力地编出一大串儿，然后"无私"地分享给同学。

11岁那年的初夏，社会上开始"反击右倾翻案风"。学校组织我们"学农"，在一个村子清理了一个星期的池塘淤泥，顺带批斗了两个地主。接受"再教育"之后，回到学校，老师要求每人写一篇批判"右倾翻案风"的作文。那一次，我似得神助，文思泉涌，以11岁的年龄，写出了一篇令我的语文老师拍案叫绝的文字。老师力荐我到人民公社的万人批斗大会上发言。我终究因为年龄太小，胆子更小，未敢登台。

经由那一篇作文，我琢磨出了一些写作议论性文章的经验。此后再写类似的作文，便很省力。高中时，我经常帮不愿意写作文的同学代写作文。有时一个作文题，我能写三四篇作文，借不同的同学之名交给老师批改。现在，有不少人读我的微信公众号上的时评类文章，说我像鲁迅先生一样"嬉笑怒骂皆成文章"，我想这和少年时打下的写作功底或许有关。

读师专时，我加入了文学社，热衷于创作无病呻吟的诗歌，隔三差五地也写点小资情调的散文，但都极为幼稚。读中文的人，心中总是装着一个作家梦，总认为自己能够写出有价值的文学作品，便不为自身的浅薄而烦恼，只管尽情地写下去。这期间，我写了若干篇有头无尾的所谓"小说"。

我的教育写作之路

我于1986年夏登上讲台，成为山区初中二年级的语文教师。我的学生中有几个很有文字灵性的人，我常常被她们的文字打动。每有所感，我便在她们的作文后面，用诗歌的方式写一则长长的读后感。后来，我干脆尝试着将诗歌作为作文的评语，以读者的身份，用或长或短的文字与学生谈心。

那时真年轻，随时随地便诗兴大发。我记得我时常会在教室外的地面上为学生创作一首新体诗，写完了并不保存，任由风儿拉来浮尘将其擦拭干净。前些年，一个学生给我发信息，说是在娘家的杂物间里发现了1988年的作文本，上面还有我用红笔写的几首诗歌评语。她说，对于当时只有14岁的她，老师的诗歌无异于上帝唱给她的赞歌。

1988年，我调入另一所乡村初中。1991年，我担任这所学校的教导主任。记得教学楼落成庆典那天，我在全无准备的情况下被拉上台，为教学楼落成即兴创作并朗诵一首诗歌。乡里的书记说："你在台上光芒万丈！"我知道他在调侃我，我只是希望我的学生们都能在学习和生活中拥有诗歌。

大约是1994年之后，我才开始有意识地写作教育教学方面的文章。那时，我的语文课在当地已经拥有了一定的知名度，县教研室主任嘱托我为他主编的内部教研刊物撰写稿件。我开始依照自己的理解写了几篇带有明显散文化风格的文字呈送于他，老先生将我这几篇文字全部作为刊物的头篇文章予以发表，这让当时的我极为得意。只是那时不懂得给正规期刊投稿，写的文章仅用来参加论文竞赛或者在市县的教研通讯上刊发。

2003年，我离开家乡来到了江苏。其时，网络BBS开始兴起，我先后进入《中国教师报》读者论坛、《成长》论坛和"教育在线"论坛，接触到一大批优秀教师，也接触到一批优秀的报刊编辑。在这三个论坛上，我每天都能看到多家报刊的征稿信息，也每天都能读到同行们发表的主题帖。于是我开始依照报刊的约稿主题而思考问题，然后将其形成文字。

第一次出现在正规报刊上的文字，是《打造书香校园过程中的五个"必须"》，发表于2004年6月22日的《人民日报》。我在论坛上看到他们的征文，便写了两千多字的稿子寄过去，结果发表时，只选用了文章的五个小标题。虽然有点失落，但至少证明我的五点想法都是合理的、可行的。受此成功的激励，我积极参加所有的征稿活动，在2004年的后六个月份中，一口气发表了49篇长短不一的文字。其中，《人民日报》3个短论，《中国教师报》12篇短文，《现代教育报》8篇短评，《教育时报》5篇短评，《江苏教育》2篇短论文。

我的第一篇教育叙事，是发表于2004年第8期《教师之友》上的《垃圾篓前的主题班会》，这是我受论坛上教育叙事文章的启发而对自身班级管理经验进行提炼的产物。由这篇教育叙事开始，我在随后担任班主任的十多年间陆续写作并发表了百余篇教育管理方面的小论文，张万祥先生主编的十几本班主任工作经验阐释的著作中也收录了我的十几篇作品。这些文字，无一不出自我在担任班主任期间的思考与实践。

我的第一篇严格意义上的教学论文，是发表于《中学语文》2004年第21期的《主体实践性阅读条件下文本资源的开发》，该文随后被2005年第4期的《中学语文教与学》全文转载。此文的写作，源于我在教学李白《蜀道难》时组织的"以诗解诗"的对话活动。我要求学生用诗歌的方式展示对《蜀道难》和李白的阅读感悟，有几个学生创作出了令我称奇的诗歌。受此触动，我开始思考阅读教学中的学生主体地位问题，进而思考到落实学生学习主体地位中需要关注的文本资源开发、课程价值定位、教师身份定位等若干问题。我将这些思考进行汇总，开始进行课题研究，先是创作并发表了该篇论文，随后发表了《"人一本"对话：一个期待公允的阐释》《在课堂教学中彰显"语文味儿"》等数十篇同主题的论文。最终，这些思考汇集成了《语文教师的八节必修课》（中国轻工业出版社"万千教育"2012年7月第一版）、《追寻语文的"三度"》（教育科学出版社"新生代语文名师·立场书系"2012年12月第一版）和《有滋有味教语文》（华东师大出版社"大夏书系"2017年5月第一版）三部教学专著。

2017年，新一轮课程改革蓬勃兴起，各种新理念、新主张、新方法如雨后春笋。面对新变革，我重整行囊，再次出发，一边实践，一边创作了数十篇探索性的教学论文或教学设计。2017年至今，我又发表了百余篇文章，出版了《经典文本解读与教学密码》（华东师大出版社"大夏书系"2020年6月第一版）、《中学整本书阅读教学设计》（华东师大出版社"大夏书系"2020年7月第一版）、《高中语文新课创意解读与教学设计》（华东师大出版社"大夏书系"2022年8月第一版）。我所有的文字，都是我的读、思、行结合的产物。

教育写作，离不开"诗"与"思"

截至2023年12月底，我发表的教育教学类文章已超过一千篇，出版教育教学作品15部，还受邀在20个省区开设了两百余场示范课和主题讲座。倘若硬要给这些成果找一个站得住脚的母体，我以为非文字莫属。是那些从儿时便阅读到的文字一点点浸润着我，让我对遣词造句拥有一种独特的敏感；是那些信手乱写的文字一点点开启着我，让我从愚昧走向丰富，从感性思维走向理性思考。文字雕饰着我的梦，滋养着我的情，又催生着我的诗与思。

有人说，刘祥那个家伙能写。我很反感"能写"这个词汇，因为，"写"只是一种外显的存在形态，"诗"与"思"才是内隐的立身根本。对于一位教师，尤其是语文教师来说，"诗"是让情感丰盈的土壤，"思"是令生命充实的基础。行政机构中的秘书往往也"能写"，但写出来的文字却大多无关"诗"和"思"，因而也就没有生命。教育写作是对教师自身生命的审视，也是对学生生命的关照，这样的写，永远建立在"诗"与"思"之上。

"诗"，当然可以最直观地展现为我在工作之初写在地面上的文字、写在作文本上的评语和集会中的信口吟诵，但更多的还是体现为日常教育教学的细节。身为教师，你会从教室中最不起眼的一朵小花而发现学生的生命存在价值吗？你会从擦玻璃的那个女生的灿烂笑容中感受到青春无法遏止的蓬勃力量吗？你会因为上出了一节好课而激动数日吗？你会因为教学中的灵机一动而自我陶醉吗？每当我面对上述情境时，都会觉得自己生活在无比美好的诗歌之中，我乐于用我的文字记录这些，赞美这些。

教育当然不会全部是"诗"。当现实以超乎想象的魔性把"诗"一步步逼退到遥远的梦幻之中时，很多人读出的便是痛和泪，但我更愿意读出的是"思"。我曾在相当长的一段时间中，撰写了大量的教育批判的文字，对教育中的各种不合理的现象进行无情的批判和揭露。我在这样的快意恩仇中纵马挺枪，向着庞大的教育风车冲杀过去，收获着堂吉诃德的自豪与挫败。后来，我发现仅有批判是没有价值的，抡起锤子砸烂了旧物品之后，必须有能力创造出一个新物品。于是，我开始思考教师的专业成长，思考专业阅读、专业反思、专业写作对于教师成长的共性化价值。2012年2月，我出版了《青年教师的心灵成长之旅》（中国轻工业出版社"万千教育"2012年2月第一版），围绕着几乎无处不在、无人不有的职业倦怠问题，用18万字进行分析阐释，给出了成体系的发展建议。

2015年，有感于教育行业中诸多违反常识的现象与行为，我创作出版了《重构教师思维——教师应知的28条职业常识》（中国轻工业出版社"万千教育"2015年1月第一版），从教学、教育、管理和专业成长四个方面阐述了28条职业常识。比如，我强调"每一个学生都会犯错"，提醒教师不要抓住学生的一点儿错误便小题大做。再如，我主张"没有惩戒，不是完整的教育"，在视惩戒为洪水猛兽的教育语境中，努力捍卫教师的教育权。我还在教育管理和教师专业发展方面重申"从来没有绝对的公平""好环境由好教师共同构成""有一点吃亏精神""原则问题绝不妥协""锤炼一颗优雅的心"等常识性观点。我希望每一名教育工作者都能从这些司空见惯的常识中发现自身的行为偏差，努力回归教育教学的正道。

写作不过是一种好习惯

时常有全国各地的教师问我："你哪来那么多的时间读书和写作？我怎么每天只应付学校的那些事都忙不过来？"我总是回答他们说，我这人公私分明，办公时间不做私活，私人时间也不做公家活。我很反对时间上的纠缠不清，下班之后的时间，只能属于阅读和写作。

2007年6月，我想挑战一下我的坚持力，看看我能否在执教高三两个班语文的前提下,把每天阅读一万字、写作一千字的计划落到实处,便在网络论坛上"昭告天下",宣言要以"走过高三"为主题,每天至少写一千字,用一年的时间完整记录高三教学中的所见、所思、所悟,为日渐猖獗的高中应试教育留下最真实的"罪证"。大话放出去了,我也就把自己逼到了单行道上,只能往前行走。于是,从 2007 年 7 月 3 日起,至 2008 年 6 月 7 日止,只要不是休息日,我便坚持记录,每天在论坛上更新当天的所见所思,最终完成了预想的计划,累计撰写了 50 多万字。我用这些文字,见证了一百多个孩子在高三这一年中经历的酸甜苦辣,为他们留下了足以长久保存的生命印迹。后来,这些文字被教育科学出版社的编辑看中,纳入"新教师成长日记",以版税制方式出版,书名就是《走过高三》(教育科学出版社 2011 年 12 月第一版)。

我也是一个拥有无限惰性的人,只是,当我渴望完成一项任务时,我乐于全身心地投入进去。《走过高三》的创作是一个例子,《书香浸润生命》(中国石油大学出版社 2010 年 1 月第一版)的创作是另一个例子。应一个朋友的邀请而创作《书香浸润生命》时,稿件催得特别急,我用了一个寒假,以每天一万字的速度完成了这部作品。那个寒假,除了除夕和年初一,其余时间全部用来思考与写作。

20 年的专业写作之路,让我对专业写作拥有了相对完整的价值认知。为了把我的思考与实践经验传递给全国的教师,我创作出版了《改变,从写作开始:教育写作实用技巧 30 讲》(华东师大出版社"大夏书系"2018 年 5 月第一版)。我希望用我的体系化的思考与经验,帮助更多的一线教师走上用文字铺设的成长台阶,一步步朝向明亮的前方攀登而行。文字帮助我由一名普通的乡村教师成长为特级教师、正高级教师,让我获得了江苏省教学名师、江苏省教科研先进教师等荣誉,我衷心期望更多的人能超过我,获得更大的教育教学成就。

我始终坚信,每个人的人生都是一支等待发射的箭,要想让这支箭射得远、射得准,既要有好弓,也要有好臂力。对于我这样的一线教师而言,我的好弓,就是凝聚着他人思想的好书、好文字;我的好臂力,就是汇集了我的思考和追求的专业写作。

第四节　好文章来自深度思考

2002年时，新教育实验的发起人朱永新先生在"教育在线"论坛上半认真半戏谑地贴出来一则广告，宣称朱永新成功保险公司正式开张，凡自愿参保的新教育实验教师，只需每天写作一千字的教育随笔，十年之后未能成为名师者，可凭3650篇文章向其索赔一百万元。后来，确实有众多的中小学教师凭借数年的坚持，用这每天的一千字码出了自己的精彩教育人生。

此则"保险启事"，旨在激励更多的中小学教师走上专业写作的道路。只是受特定语境的制约，"启事"显然省略了"写"背后的"读"与"思"，容易招致误读：似乎只要写起来，一切问题便都能解决，一切目标便都能实现。事实上，无数的名师依靠这样的写作从平凡中走出，也有无数平凡的教育写作者并未成为名师。总有一些人写了十年甚至几十年，依旧只是向前迈了一两步。由这一点可知，专业写作只是走向成功的众多因素之一，倘若将其视作唯一决定因素，便是大错特错。

被动地写，不如腾出时间阅读

前些年，有些新加盟新教育实验的地区，强行要求所有老师必须每天写作一篇千字教育随笔，招来了辖区内无数教师的抵触，包括一部分原本热爱写作的教师。抵触的原因当然很简单，写作本是一件愉悦身心的行为，思之所至，笔下便流淌出相应的文字。一如王子猷雪夜访戴，兴起则行，兴消便返，这样的事岂能被逼迫着去做？

当然也有一些人是自己逼迫自己。他们认准了前方的某个目标，便坚信只要写起来，最终一定能够获得成功。这样的专业写作，其实也是一种思维与情感的自我绑架。太过刻意地追求，固然可以集中精力，排除干扰，但也难免错过很多不该错过的东西，比如专业阅读、专业反思。没有持久的专业阅读作支撑，专业写作便难以走出思维固化的怪圈，无法发现寻常之中的不平凡价值。文字便也只能始终在原地打转，像毛驴拉磨，看起来辛劳不已，却终究只在一个闭塞的空间中兜圈子。

　　此种自我逼迫式的专业写作，让我想起了学生们写作业。绝大多数学生并非真正理解写作业的价值，更缺乏对需要完成的作业的体系化思考。其写作业只是为了完成一份每天必做的任务，且这样完成任务已在长期训练中形成了习惯。有作业可写，或者说用写作业的行为填充了一切可能出现的闲暇时间，便觉得时光未曾虚度，生命因而充实。如果让其停止写作业，读一读有价值的书，便立刻会生发出韶华虚掷的惊惶。

　　迷恋写作业的学生，在纯应试的环境下是能够获取一定的利益的。迷信教育随笔的人在并不广阔的生存空间中，也能赢得一定的成绩，比如发表几篇文章，获得几个奖项。但要成长为真正的出众者，便显得功力不足。荀子曰："吾尝终日而思矣，不如须臾之所学也。"将该句中的"思"转换为"写"，道理同样成立。

　　我这样说，当然不是反对中小学教师坚持教育写作，而是反对只为了完成他人和自己强行拟定的写作任务，便舍弃专业阅读和专业思考的强制性写作行为。毕竟，教师的专业发展依赖于良好的写作习惯，更依赖于对社会发展趋势的预知，依赖于对最新教科研成果的理解与运用，依赖于工作之中的主动探索与大胆实践。如果迫于命令式的任务而每天愁眉苦脸，甚至心怀怨恨地耗费两个小时挤出一篇千字随笔，却因此而不再去进行专业阅读、专业思考和专业实践，那必然会适得其反。

　　文字是有生命、有情感的，写文字的人更是有生命、有情感的。写作的价值在于释放情感，绽放生命，切不可反其道而行之，使其消弭了情感，束缚了生命。

　　谨记，不是所有的文字都能码出思想的高度，就像不是所有的砖都能砌成万里长城，不是所有的花都能绽放芬芳。真正的成功必然是自内而外的突破。使用外力强行打破的鸡蛋，永远孵不出鲜活的鸡仔。

敬畏文字，才能写出好文章

和一位常写点教育文字的年轻老师闲聊时，谈及他近期写的几篇教育文章，我毫不客气地挑出了他文法上的若干不足。他说："我下次一定要写出一篇你挑不出毛病的文章。"我回复："做梦吧，你！"他发给我一个哭脸："我就那么差劲？"我说："不是你差劲，因为你还缺少了一点东西。写文章的人，第一要有灵性，第二要有悟性。灵性指向内在的感觉，属于潜意识；悟性指向外界的世界，属于理解力。这两方面，你都已经具备。但你目前还缺少更为重要的第三点，即对文字的敬畏。"

有相当数量的文字工作者，在长时间与文字打交道的过程中，慢慢地与文字熟络起来，并自以为看透了文字的那点儿内涵。于是，"玩文字"便成了一种时尚。因为"玩"，便无需怀着朝圣的心态，对每一个文字都反复斟酌；便无需经历"吟安一个字，捻断数茎须"的焦灼与释然；便无需站在最挑剔的立场上，对键盘上敲打出的每一个符号苦思冥想……"玩文字"者，似乎更看重数量，看重一天是否码出了一篇文章，看重一千字值多少银子。

能把文字"玩"到一定境界的人，生活中并非多数。大多数的"玩文字"者，最终恰恰被文字玩弄了。即使是进入一定境界的"玩文字"者，要想挣脱来自欲望的诱惑与聒噪，也必须将那贪"玩"之心，一点点移植到敬畏之情上，才能让创作出的文字对得起他人的期待，对得起自身的灵魂。

文字是有灵魂的，每一个人书写出的文字，都是这个人的灵魂流转于思想后孕育的新的灵魂。这样的灵魂，始终如镜子，书写者自己照得见，他人也照得见。他人能从文字的镜子中，看得出书写者或平和或焦躁或功利的身影。

现在，很多学校都在强化教师的专业阅读、专业反思和专业写作。当教师们不得不面对一篇篇随笔、一篇篇博文、一篇篇论文时，切勿丧失对文字的敬畏。写，永远不是坏事，绝不会因为行政力量的干预，便改变了本性。只是写的效果如何，要看如何去写、用什么样的心态去写。

可以肯定的是,主动写总要好于不写。同样可以肯定的是,用心写总要好于带着完成任务的心态去写。教师的写作,心必须放在教育教学规律的认知与探究上。生活散文当然也可以写,但算不得专业写作。专业写作,需要对经历的教育事件进行记录,需要对经历过的、阅读到的教学案例进行分析,需要对相关文本进行阐释,需要对教学技法进行探究,需要对教学理念进行反思、提炼,需要朝向理想的教育教学形式不停歇地努力。只有这样的专业写作,才能成为快速发展的助推剂,才能成为崇高教育理想的定海神针。这样的写作,拒绝粗糙,拒绝浅薄,必须敬畏文字,敬畏教育。

好文章的五大写作视角

用于交流或发表的教育作品,其读者大多是同行,或者是与教育存在着密切关系的人。这便决定了教育写作不能"自说自话",必须是"公众之声""理性之声"。如何才能让自己的文字拥有教育理性,能够给读者带来思考、感悟与收获呢?这就需要写作者跳出自身思维的小圈子,懂得从多视角观察与表达。

1. 儿童视角。教育的对象大多数是儿童或少年。研究教育教学中的问题,就必须学会从儿童的成长需要出发。校园中发生的任意一件事,从管理者视角思考时能够获得一种结论,从儿童视角思考往往会形成另一种结论。写作教育类文章时,不能只从教师或者管理者角度解析利害得失,还必须拥有一定量的心理学知识,能够从儿童的身心发展规律出发,分析其言行背后的思想与情感。

2. 课程视角。教育教学类的写作,离不开具体的学科课程。任意一门学科课程,都拥有特定的知识结构体系。写作学科教学类文章时,不能只叙述"我"做了什么、为什么做,必须立足于课程建设的宏观架构和具体理论,将自身的实践纳入该架构与理论中进行分析验证。

3. 读者视角。写作的目的是交流,交流的基础是彼此听得懂对方的语言。教师进行专业写作时,要用读者读得懂的语言阐释事理,不要故作高深，堆砌一些莫名其妙的名词概念。当今的学术界存在着一种不好的风气，似乎一篇文章中不引用一些名家观点就算不得好作品。科学研究当然离不开他人成果的支撑，一般性的教育教学论文，用自己的话就完全可以表达清楚，为什么非要引用其他人的话语呢？

4. 社会视角。这是一个相对务虚的写作角度，却又始终掌控着文章的内容、思想与情感。教育的最终目标是为社会培养合格的建设者，教育研究的文章自然离不开对当下社会的深切关注。更重要的是，教育中的各种观念与主张，必然来自社会的价值诉求，服务于社会的健康发展。脱离了社会发展要求而空谈教育教学问题，只能是纸上谈兵，毫无价值。

5. 未来视角。今天的学生不是今天的社会建设者，今天的教育必须为未来的社会负责。教育写作中探究相关理论或实践问题时，必须能够立足当下社会健康发展的大趋势，推知未来若干年间社会发展对人才的需求状况，再依照这样的推知，解析当下教育中的各种措施，探究教育教学的应有策略与方法。

此五大视角从来不会孤立地、静止地出现在某一教育教学现象中，亦无法孤立地、静止地存在于某一篇教育教学文章中。教师开展教育教学研究时，始终需要将五大视角融为一体，借助于角度的不断变换而不断获得新的观察结果，如此才能避免盲人摸象的偏差，尽可能全面地探究教育教学的本真。

生命在场，教育写作的至高诉求

一切教育写作，最终必然落实在学生的终身成长需要这一根本点之上。要达成此种目标，生命在场不可或缺。

教育写作中的生命在场，体现在研究对象的选择上，便是一切叙事均应关注学生这一学习主体的生命健康成长态势，一切分析均应立足生命成长的理性需求，一切评价均应注重生命发展的正确标准。唯有始终将学生视作教育写作的第一主角，才能在教育写作中逐步剥离经验和情感的束缚，确立起渐趋完善的教育观和成长观。

教育写作中的生命在场，体现在写作者自身的价值定位上，便是在成就学生的同时发展自我。理性的教育写作者绝不会只宣扬"燃烧自己，照亮他人"的蜡烛精神，而是会合理审视教师专业发展与学生健康成长间的逻辑关联，以更多的文字鼓励教师成为自带能源的"照明灯"，成为引导学生发现美好、感受美好的"知识导游"，成为拥有高尚道德品质、丰厚学术修养、出众教学技能的"成长导师"。

教育写作中的生命在场，还应该体现在与教育教学存在着直接或间接联系的他人、社会以及未来三方面。教育写作应能够传承敬畏、悲悯、道义、良知等品格，能够借助文字的表达，既升华自身的教育情怀，又点染读者的情怀、思想和行为。优秀的教育文章，即使只致力于探究深奥的学理，也不会忘却此种学理最终是为了服务于人的成长。此种成长，不但有当下的需要，还有长久的未来需要。而未来，则不但有个体的未来，而且有社会的未来，有未来基础上的更为久远的未来。

要想达成生命在场的教育写作目标，写作者自身的教育情怀是关键。

为申报职称而写者，职称申报成功，写作便不再进行；为赚取稿酬而写者，迎合多于思考，求量而轻质；受制于行政命令而写者，灵魂不在场，随意表达，徒增文字垃圾。唯有用文字同生活以及生命对话者，每个字都凝聚着真诚的探索和虔敬的践行，才能真实地展示写作者的教育认知，才能用文字夯筑起不断向高峰攀登的台阶。

在朱永新先生倡导的新教育实验团队中，有一句很励志的口号："让阅读像呼吸一样自然。"从教师专业成长的角度看，"像呼吸一样自然"的，还应该有专业写作、专业反思和专业实践。教育情怀从来都不是一句虚空的抒情标语，而是扎根于教育实践大地的踏踏实实的行动。其中，无论是为了拓展眼界而持久展开的专业阅读，为了提炼思想而持久进行的专业写作，还是为了不断修正行为偏差、不断更新知识储备的专业反思和专业实践，都离不开教育者自身的主动投入。生命在场的本质，是教育者在从事任意一种与教育相关联的活动时，都以一种主动的、全身心的投入方式，创造性地开展此项活动。

教育写作同样如此。

第七章 走向卓越,享受教育

生命如无底的沙漏，唯有在梦中，才能永无止境地流淌。

我似乎始终生活在教育的美妙梦幻中，所以，我的教育人生，应该永无止境。

总有人感喟：理想很丰满，现实很骨感。我却相信，丰满的理想，即使被植入贫瘠的土地，也比干瘪的种子，更容易生长出希望的幼苗。如果我们能够坚持耕耘，一定能够收获应有的果实。

也许，有理想的人，就该这么自信吧。

在漫长的教育修行中，理想是擦亮每一个日子的那块蜡。这块蜡，可以保护木器，可以呵护油漆，可以封存药品。装上一根棉纱线，还可以成为照亮黑暗的蜡烛。

曾有一位老师问我，现实主义、浪漫主义、理想主义各有什么样的特征？我说，现实主义者过的是"不得不如此"的生活，浪漫主义者过的是"梦中如此"的生活，理想主义者过的则是"应该如此"的生活。"应该如此"彰显的，既有对现实的不满意，又有对未来的憧憬，还有对自身奋斗的激励与期许。就像诗歌《总得有人去擦亮星星》中所说的那样："想要个新的我们没有。所以还是带上水桶和抹布，总得有人去擦亮星星。"

当下，教育领域中确实存在着一些难如人意的现象，但任何一位有追求的教师不能一边抱怨这些不足，一边以"现实就是这样，我能有什么办法"为借口，成为这些不足的参与者甚至推波助澜者。心怀崇高教育理想的教师，必须对教育存有一张"应该如此"的美好蓝图，然后依照这张蓝图勾勒出的路径与方法，义无反顾地开展行动。"应该如此"的教育，无法依靠他人的恩赐而获得，不能只希望别人奋斗、改变，自己坐享其成。

在教师的专业发展道路上，所有的卓越都来自辛勤的奋斗，所有的幸福都来自不竭的希望和不懈的追求。无论教育大环境多么精美，也总有相当数量的人开放不出花朵、散发不了香味；无论教育大环境多么恶劣，也总有为数不少的卓越者成长为岩缝中盛开的鲜花、巨石上扎根生长的松树。专业成长只能以教师的内在价值诉求和具体实践行为做支柱，只有这两大支柱坚实有力，才能支撑起脊梁和脑袋，才能怀揣一份理想，以平视的目光看待这世间的一切存在，并张开双臂拥抱它们。

第一节　修炼一份恒长的功德

在我所交好的教育同道中，有著作等身的学者型教师，有头顶各种光环的功勋型教师，也有奋斗半生却无著作、无光环、无高级职称的"三无"教师。后者之所以"三无"，绝非不学无术、混日子等待退休；而是受制于并不理想的外部生存环境。事实上，"三无"与优秀之间，并不存在一条无法逾越的鸿沟，有很多的"三无"教师从未因为环境的恶劣而放弃教育理想，硬是用一种悲剧性的绝地反击，在逆境中耕耘出一方教育的沃土。

我对这种类型的"三无"教师向来持有一份恒常的敬意。我始终认为，教育即修行。一个人走上了教育岗位后，执教的每一节课、组织的每一次活动，都不过是修行中的一份自我操持。缺乏教育理想者懈怠于庸常岁月中的坚守与奋斗，当一天和尚只慵懒地撞一天钟；心怀崇高理想者则无惧外部环境的风刀霜剑，只尽心竭力耕耘自己的三尺讲台，力求尺水兴波，为学生，也为自己打造一片可见的星辰大海。这样的"三无"教师，无愧于天地，无愧于灵魂，自是修炼出一份恒长的功德。

在生活中发现榜样

我有一位同学，工作30多年始终蜗居家乡的初级中学，从未获得过县级以上的综合表彰，亦未参加过高规格的教学竞赛，更谈不上拥有特级教师或者正高级教师的头衔。但他一直是我学习的榜样。他从工作之初便自费组建起全县农村初中第一个有"专业期刊"的文学社团。那时，他的工资也就每月几十块钱，却每学期都拿出近一个月的工资，从乡村跑到县城，找印刷厂帮他印制文学社期刊。

他最大的心愿，就是做一名自由自在的语文教师，带着一群农村孩子读读书、写写文章，组织一些有趣的学习活动。我每次和他相聚，总是听他畅谈来自他的语文课堂的各种快乐，极少听到他的抱怨和批判。前些年，他接手了一个没有人愿意接手的小学五年级班级的语文课，同时执教八年级和五年级的语文。他接手的那个五年级班级有30多个孩子，清一色的留守儿童，总分100分的语文试卷，班级平均分不到40分，其中有三个孩子，连正常的表达都存在困难。他就带领着这样一批孩子，用他所主张的阅读和日记写作，一点点地向前方的明亮那方努力行走着。后来的某个暑假相聚时，他骄傲地告诉我，他的这群孩子都有了较大的提高，敢于表达了，乐于读书了，他享受到来自教学中的尊重了。虽然孩子们的成绩依旧不太好，但班级平均分上涨了十多分。

我自2003年跳槽至江苏，又于2004年开始追随朱永新先生的新教育实验，终日为教育教学问题而绞尽脑汁。我以为，我已在教育情怀和教育能力等多方面，超过了闭锁于乡村初中的他。及至大家都玩起了微博和微信时，我却发现他一点也未被我落下。他也在新父母教育的网络团队中，扎扎实实地学习着，成长着。

大约是2015年吧，他很得意地告诉我，说他所在网络团队中的一位教师为他的班级捐赠了一个微型图书馆。他说，让农村的孩子有大量的课外书可读，是他这个语文老师最大的快乐！他说他带着孩子们读这些经典的童书时，便是在感受世上最美好的教育。我能想象出这样一个画面：一位年逾五旬的苍颜长者，置身于一群天真烂漫的孩子中间，共同为某本书中的精彩情节所吸引，一起开怀大笑着。这样的画面，竟让我联想到曾点所追求的"浴乎沂，风乎舞雩，咏而归"。

2017年暑假，因为生源萎缩、教师过剩，学校动员他让出语文课堂，转教历史。这份安排，许多年长的教师求之而不得，但他不接受这份新工作，而是申请面向全校开设经典诵读课，每天15分钟，带领全校学生诵读经典。没有图书，他在网络上面向全国各地的教师朋友募集；课程安排不过来，他便动用一切资源，把同学和朋友一个个抓过来给孩子们讲课。他做这些时，没有领过一分钱的活动津贴，还自掏腰包招待请来的授课者。

后来的某一天,他在和我闲聊时又兴高采烈地聊起了语文,聊起了他如何把我们的一位美术家同学"抓"到他的课堂上,教小孩子如何把汉字写端正。原来,他为了教语文,"申请"调到了离家十几里的一所小学。他的窝,安在生活了30多年的那所学校。现在,他每天骑电动车,为了语文而往返三十里。

在这所小学,他又做了一件让我惊诧的事。他从《论语》《道德经》《增广贤文》等近20部古代经典中,摘录了千余个句段,一一配上小学生能够读得懂的解读文字,整理出了一本经典诵读读本。他说他在这所小学的轮岗时间只有一年,不能让播下的种子迅速枯萎,他要为这所学校的孩子整理出这本读本,留给下面一届届的孩子慢慢地阅读。他希望乡村中的孩子不输在古代经典阅读的起跑线上。

他嘱托我为这个集子写一篇序言时,我没有任何犹豫便答应下来。用他的话来说,是"借"我的名号撑一下门面。我知道,他的真实用意,其实是希望用我这个出版过十余部作品的人的名字,给孩子们以积极的影响。

这位同学的名字是张万松,一位隐匿于基础教育领域的"扫地僧"。

修功德的三大法宝

不记得是哪位高人写过一篇批评文章,说当下的绝大多数教师属于"精致的利己主义者"。那篇文章我只是浏览,并未在细节上仔细琢磨。只记得作者列举了日常教学中的几种典型状态,比如语文教师自己不阅读、不写作,却依凭相关参考资料教授各种阅读技法和写作技法等。看那篇文章时,我颇诧异于作者的大惊小怪。不写文章而能开设大型写作教学示范课的都大有人在,何况日常的教学呢?更可怕的是,此类现象在哪一个行业中不属于普遍现象?外行一旦拥有了话语权,便可以指导内行。绝大多数教师终究还不算彻头彻尾的教育外行。

最近几年,我在各类教研活动中都极少主动发言。我发现,很多教师越来越听不进他人的意见。倘若某位教师在某一届因为机缘而带出了一个状元郎，则这样的教师更没办法批评。他们对自身运用强力逼迫学生疯狂应试的行为深以为然，将其视作话语权的坚实根基，却几乎从不思考学生是否真的需要这样的教学，更不思考还有没有其他的方法，能够让学生既喜欢相应学科知识的学习，又获得高分。这样的同行，我不以为是在修功德。

那么，什么是教师的修功德？最根本也最重要的一个标准是利他，就是像我同学张万松兄这样，完全不是从利己的角度来处理问题。张万松兄让学生诵读经典，只是觉得这些经典能够浸润学生们的生命，诵读这些经典是乡村孩子为了不让自己输在生命起跑线上必须做的事。这跟为了高考试卷上6分的默写而逼迫学生从高一到高三死记硬背几篇古诗文，实在差距太大。高中阶段语文教师对名言名句的检查督促，最终的价值指向，是考试分数和排名，是绩效工资和奖金，是自身的脸面。这些都是建立在利己的基础上的。

教师的修功德，第二个标准是眼界。服务于学生当下的考试需要，是一种眼界；服务于学生的终身发展需要，是另一种眼界。倘若两种眼界不形成冲突，当然可以兼而有之。万一有了冲突，眼界短者，便无法引导学生步入更大的人生境界中，就只能以自己的精致利己，培养出更多精致利己的学生。

教师的修功德，第三个标准是胸怀。一个还有几年就退休的老教师，至今还领着中级职称的工资，却不发牢骚，不破罐子破摔，反而不要照顾，不要舒服，不断地"折腾"自己，自我加压，这便是胸怀。这样的胸怀，与政治无关，与他人的教育亦无关。它建立在个体的学养和修养之上，建立在独特的人生观、价值观之上。能够做到这些，当然是极高的功德。想想看我们中的绝大多数，终日为平均分、为绩效考核而患得患失，胸中能有多大的空间包容各种不如意？

鲁迅在《一件小事》中写了个榨出皮袍下的"小"。我在和万松兄的偶尔的交流中，也常常被榨出布衣下的"小"。好在我尚且懂得"虽不能至，心向往之"的道理，达不到他的境界，但知道他的善。身为教师，我还有太多的功德需要慢慢修炼。

在修功德中成全学生、成就自我

观看电影《小西天狄道传奇》时，影片中的一段对话震撼了我，立刻到网络上检索出这几句话的完整内容："扫地为何？为了净地。净地为何？为了静心。静心为何？心静方能见众生，见得了众生，方能勘破生死，生敬天地之心。心无挂碍，无挂而故，无有恐怖，远离颠倒梦想，究竟涅槃。"

我们都是凡夫俗子，不必追求最终的涅槃。但倘若都能注重日常教育教学中的修功德，则至少能在自己的一亩三分地上，见得了众生，看得破名利，生得出敬畏、责任与使命。教师修炼自身教育功德的前提是拿起自己的扫帚，清扫自己的教育领地，清理掉各种污泥浊水，先"净地"，再"静心"，然后"见众生"。

在教育领域中，"净地"的扫帚从何处来，又如何运用呢？粘有污泥的扫帚永远扫不出干净的地面，"净地"必须拥有干净的扫帚。教师的这把扫帚，必须用教育本真编织。扫帚中的每一根经线与纬线，都必须经过理想和情怀的浸泡，必须剥离了浮躁、欲望和污秽，只保留其中的坚韧、无悔与可塑。

不要寄希望于从他人处获赠这样的扫帚，只能拿起书，拿起笔，放开眼光，运用大脑，在主动思考与积极探索中，依靠自身的力量制造。有了这把扫帚之后，还需要保持定时清扫的习惯，千万不要等到地面已经堆满了垃圾才想起来清扫一次。

地净，地恒在，清除的只是干扰；心静，心恒在，舍弃的只是浮躁。教师的修功德不是追求无嗔无怒无欲无为，而是为了秉持一份澄澈、谦逊和敬畏，修心正身，度己度人，教书育人。

修功德的根本在于"修"。口不离"南无阿弥陀佛"之人，未必真在修行。故而，"修"的精髓在于"悟"和"行"。从"悟"的角度看，教师的修功德固然存在着"一语惊醒梦中人"的"顿悟"，更多还是"板凳要坐十年冷"的参悟。教师拓展眼界、滋养情怀过程中的所有自我觉悟，都离不开外力的开启和内力的激活。这是一个漫长的过程，或许需要全部的教育生涯。所以说，教师的修功德"永远在路上"。

　　修功德的对象是"功德"。教育领域中的功德，绝不只体现在学生的考试成绩上。好成绩永远是好素养的影子，没有了正身，影子又何处寻？仅就学生这一对象而言，教师所修的教育功德，应该是引导学生寻找、发现并真正掌握在未来社会中幸福生活的各种能力，是帮助学生建构完善的价值观。

　　在成全学生的同时，所有教师都不应该忘记成就自我。自我与众生不是并列的两条线，而是"有限的小圆点"和"无穷大的圆"。自我不过是众生中的一分子，见众生必然包括见自我。在漫长岁月中，总有人号召教师要做蜡烛，这样的倡导者绝不是智者和善者。蜡烛的长度有限，能发出的光亮也就有限，尽其最大力量又能驱散多少黑暗？教师必须成为能够自我充电的光源体，首先保证自身始终拥有充足的电量，然后才能恒久地发出光和热，为学生驱散昏暗，照亮前程。

第二节　做自身生命中的"贵人"

从业之初，总希望遇见"贵人"，得到他的无私点拨或提携，在教育教学的路上发现捷径，快速走出蒙昧，走向精彩。那时，也确实会有一些热心肠的长者慷慨相助，不计任何报酬。

成为成熟教师甚至骨干教师之后，遇到的教育教学难题自己解决不了，身边的热心肠者往往同样解决不了，便发现"贵人"越来越稀缺，只能独自埋头钻研，以一己之力为自身开疆辟壤。于是慢慢明白：生命中最重要的那个"贵人"，其实只能是藏匿在灵魂深处的那个不服输的"我"。这个"我"持有的教育理想、教育情怀、教育技能以及个体学养，决定着一位教师能够抵达的教育教学的远方与高处。

在绝大多数教师的灵魂深处，都藏匿着一个不朽的名师梦。没有这样的梦，便没有成长的欲望，没有不断攀登的动力。只是，为数众多的教师未能将梦想转化为现实。外部因素的制约固然客观存在，内在成长欲望和行动更居影响力的首位。毕竟，同处于最好的环境或最恶劣的环境之中，任何一种物种的生长都存在着好差之别，何况是具有七情六欲的人类。

预设一个高远的目标

前几年，某地产大亨面对媒体采访时曾将一年挣一个亿定性为"小目标"。对该地产商而言，在顺风顺水的大环境中，一年一个亿确实过于稀松平常。如果只将目标设定为金钱数额，则他的"大目标"应该是一年一千个亿或者更多。

教师的人生目标通常不会锁定在薪酬或者奖金之上。从古至今，或许从没有哪位教师能够极为坦荡地向世界宣告：我的目标是一年挣一个亿。

教师的职业目标似乎从不直接沾染铜臭味儿，就算是偶尔有人心有所念，也不会诉之于众。至于相当数量的教师将评上高一级职称作为自己的奋斗目标，其关注的焦点也不在于职称对应的工资，而是职称对应的职业存在价值和人之为人的尊严。

更多的时候，教师的人生目标与其从事的教书育人的职业紧密相关。刚参加工作的新教师，其目标往往是迅速站稳课堂，得到各方面的认同。成熟的教师，其目标常常是在职称评审和评优评先中一帆风顺，自己教的班级始终走在全年级的前列。骨干型教师，其目标是每年多发表一些高质量的论文，多主持一些重大课题，早一天评上特级教师。学者型教师，其目标是多提炼成果，多出版专著，多游学各地，多在大型活动中发出自己的声音……教师们所处的位置不同，内心中的价值期许便不同。

但这绝不妨碍各教龄段、各类身份的教师为自己预设一个同样高远的目标：做中国最好的教师。至于"最好"可以细化为哪些具体的条目，则近乎没有任何价值。刚刚踏上讲台第一天的新教师，当其确立起"做中国最好的教师"的高远目标时，并不需要将"最好"逐条分解为上多少节示范课、发表多少篇论文、培养出多少个"清北"学生。已经名扬全国的特级教师，当其高扬"做中国最好的教师"的旗帜时，也不会掰着手指头计算自己距离"最好"还差哪些表彰，还缺哪些头衔。"最好"只是灵魂深处一份长久且厚重的自我激励，只是不甘平庸的教师用理想和信念为自身编织的一个明亮的前方。

在现实的教育情境中，影响并制约教师健康成长的因素有很多。如果没有高远的目标这一"贵人"，便容易被各种风沙迷了眼。有了高远的目标，前方便有了航标灯，便能够透过各种遮蔽，顶住各种雨雪沙尘，咬紧牙关执着前行，纵使最终未能抵达终点，也毕竟比其他人多走了一段路程。恰恰是这一段路，验证着奋斗的力度，记录着行动的效能，承载着思想和情感的丰盈。从这一点而言，"贵人"不是好好先生，而是引领者与监督者。

切勿生活在对过去的假设之中

"如果我当初不做行政，现在也应该是特级教师。""如果我当初没有放弃写论文，现在也应该评上正高了。"这样的话语，我在生活中经常听到，似乎没有成为特级教师或者正高级教师，只因为做了行政，放弃了写论文。

倘若能够坚持几十年的教育教学论文写作，评上正高还真不是一件难事。前文说过，自觉的写作者必然也是自觉的阅读者和思考者，三方面结合，职称上晋级理所应当。

做行政和成为特级教师也从不冲突。将做行政和成为特级教师视作不可并存的选项，究其本质，不过是为了强化其行政管理者的身份，或者是用行政管理的身份抵消未能成为特级教师的遗憾。教而优则仕，在我们的文化土壤中，行政的魅力通常大于特级教师的荣誉。

事实上，鱼和熊掌完全可以兼而有之。在当下的基础教育领域中，有相当数量的特级教师，同时也是杰出的学校行政管理者。认为做了行政便无法成为特级教师，最大的问题恰恰在于行政工作没有真正做好。如果能够在学校管理中健全体系，各司其职，总会有时间钻研教学，提升自我。反之，对他人不放心，代他人履职，终日被琐屑之事包裹，必然没有精力研究学科教学。

举这两个例子并非为了探究如何成为特级教师或正高级教师，而是为了陈述一个浅近的道理：不要为没有达成某个目标找借口。对于已经成为事实的事儿，任何假设都无法将其改变。如果硬要给假设寻觅一个存在的理由，只能是以假设为起点，做该做的事，让假设成为可以预约的"贵人"。

阅读本书时，您或许也这样假设过：从今天开始，每天阅读一万字，每天写作一千字，那么十年之后我便阅读了3650万字，写作了365万字。这便是在预约你的"贵人"。此种假设，一旦转换为具体的行动，便化身为目标和动力。如果仅仅是在大脑中一次次地假设，一次次地将其折算为具体的多少本作品、多少篇论文，却又从来不付之以行动，最终也就只能如上面两例中的人，面对他人获得的荣誉，感叹一声："假如我当初每天阅读一万字，写作一千字，现在也应该是特级教师。"

在科学研究中，有一句真理性的论断："大胆假设，小心求证。"这句话中的假设，立足当下，指向未来，起着拓展视角、指引方向的作用。将其与具体的研究相结合，便是知行合一、相辅相成。教师的专业成长只需要这样的假设，只需要稳健地站立在现实的教育土壤之上，以相对前瞻的视野对未来的教育教学进行"大胆假设"，然后依托教学实践而"小心求证"。如此，多则十年，少则三五年，便能脱颖而出。

那时，就会有很多人感叹："如果我当初跟他一样敢思考、敢探索，现在我肯定比他还优秀。"

有所为，有所不为

能够说出"如果我当初不做行政，现在也应该是特级教师"这句话的学校行政管理者，在其走上行政岗位之前，通常是小有成就的地方名师，至少也是相近年龄段的教师中的佼佼者。这种类型的教师，能力强，成名早，心气高，如果只静心钻研教学，极有可能成为特级教师。只是，当他们走上行政之路后，所为之事与教学渐行渐远，只能徒生感叹。

更多的教师并未做行政，为何未能成为行业内的领军人物呢？

这便涉及生活的方方面面。有人为环境所累，有人为家庭所累，有人为身体所累，有人为兴趣爱好所累，有人为性格所累，有人为行为所累……生活中需要应对的事务太多，拿得起却放不下，最终两只手上抓住的，只能是现实的柴米油盐。

关注柴米油盐并没有任何过错，只是，在柴米油盐之外，毕竟还有一个被称作职业甚至事业的生活空间。在这个生活空间中，同一所学校的教师往往拥有相同的工作环境，也拥有绝非天壤之别的家庭结构、身体状况、兴趣爱好、性格行为，但每一个个体给自身确立的目标不同，投入的精力和行动不同，最终收获的果实也就必然不同。

做乡村教师公益培训时，最常听见的话语是："乡村教育的大环境太差,资源有限,即使是想要在专业上有所成就,也没有条件。"每次面对这样的交流者,我都会列举出一连串的名字,告诉他当下中国教育舞台上活跃着的中年名师,一大半人起步于乡村教育。我还会说,这些中年名师们从业之初,没有互联网,没有手机,没有图书馆,没有随手可查的各种信息,却凭借一份坐冷板凳的精神,为自己创造出一片广阔的世界。现在的乡村学校,有高规格的录播教室,有办公电脑,有小型图书馆,任何一位乡村校教师,只要愿意,便能够和最发达地区的最好学校的教师一样,从网络上找寻到所需的各种资料,也能够利用微信群、QQ 群与散居在各地的名家名师交流。为什么条件好了很多,反而觉得没有发展条件呢?

答案很简单:自我设限;该为之事不作为,不该为之事乱作为。前者体现为先给自身设定了乡村教师的角色,然后将这个角色定位为资源匮乏、视野逼仄、空间狭窄,最后便果真将生活变成了如此。回过头来,还会"悲壮"地感喟自身的"先见之明"。后者体现为放弃专业阅读、专业写作,不主动寻觅专业发展共同体,却对各种非教育教学的事投入太多的时间和精力。

我最初工作的那所学校,是一所典型的乡村初中,远离县城,也远离集镇,停电的日子远超有电的日子。全校有 6 个班级,20 多位教师。学校的全部藏书,只是 20 多本名师教案。我的同事中,有少量的民办教师,主体是中师生。

30 多年后,绝大多数的中师生同事都退休了。一位同事后来做了律师;三位同事步入仕途,其中一位成为该地区某县级市的副书记,一位止步于档案局的科员,一位在教育局基教科长的位置上荣退;三位同事经过几次应聘,从乡村初中考到镇上的高中,又考到了县中,目前依旧如我一样奋战在高考第一线;更多的同事因为学校撤并转入镇上的初中……前年,我特意驾车去那所学校寻找青春的记忆,发现只有一位同事还在那儿。和 30 多年前一样,他依旧在操持着一个只有一间门面的小卖部。

30 多年前,除了那位经营小卖部的同事因为忙碌而无暇参加我们的活动,其余的单身汉们常常在晚饭后坐在河滩上,一边看落霞铺满水面,一边憧憬未来的人生。那时,每个人都觉得自己有能力改变这个世界。为了这个能力，我们在资源极为枯竭的情况下，依旧想方设法找一些书交换着阅读，然后交流各自的感悟。

　　至今，我依旧极为怀念在那所乡村中学的两年时光。我觉得，它不但没有封闭我的野心，而且凭借乡野之中难得的淳朴、纯粹和简单，为我提供了一份兼具儒家的积极进取和道家的随缘而化的独特生命观。我的那些曾经年轻的同事，也大多没有心甘情愿地将青春与热情交付给所谓的恶劣环境，而是各自努力，为自己的生命添砖加瓦。只有经营小卖部的同事，舍不得放下手心中的这点利益，也就始终不愿意走出去，不愿意为了未知的未来而拼搏一次。好在他自得其乐，虽在教育教学上全无建树，却也未对走过的路心存失落。

　　举上面这个例子，绝非为了给不同的人生质态贴标签，区分出三六九等。我只是想说，教育永远是一份平凡的事业，很容易被一些并不重要的东西束缚住眼界、胸怀和行动。现实中觉得无比重要的，回望时却常常不过尔尔；现实中觉得可有可无的，回望时才发现至关重要。比如，总有一些语文教师每天都要花费半个小时甚至一个小时检查即将参加高考的学生的背诵和默写，却一个月也抽不出半个小时阅读一篇专业文章。我觉得，这便是不懂得区分"为"与"不为"。这样的教师，终究会被分数、名次以及自我织造的虚幻荣誉捆绑住专业发展的手与脚。

永远不要低估自身的能力

　　读高中时，一位同学的语文成绩始终居于及格线上下，后来却成了他所在的大学的文学社社长，在《诗刊》上发表了诗作。

　　读大学时，一位同学学业成绩平平，从未获得任何表彰奖励，却在工作一年后考取了某名校的研究生，毕业后进了中央电视台。

　　教书后，一位学生只考取了一所二本学校的法语系，却在大二升大三那年翻译出版了一部法语长篇小说，其文字的精妙让我拍案叫绝。

　　至于我，师专毕业，才智平平，工作了15年才评上一级职称，工作了18年未获得体制内的任何表彰，也没正式发表过任何一篇学术论文，却在此后的20年间出版了15部教育教学著作，发表了一千余篇教育教学文章，还收获了一堆的荣誉。

我所列举的这些人，均非天才，也均未如武侠小说中的主人公，凭借某种机缘巧合而获取了武林秘籍或绝世神功。每个人之所以能超越平庸，做出一些超乎寻常的事儿，全在于激活了自身的专业成长潜能。

或许您会说："我并没发现自己有哪方面的潜能啊，又如何去激活它？"

我想对您说的是："您哪方面都存在着无尽的潜能，朝哪一个方向着力，便能激活哪一方面的能量，并最终创造出令自己吃惊和骄傲的业绩。"

在生活中，您有过这样的体会吗——参加演讲比赛，或主持某个活动，必须短时间内熟记数百甚至数千的文字。你被逼上了绝境，不得不全力迎战。最终，你只用了很短的时间便背下了你的讲稿，顺利完成了任务。

我总觉得我无法完成此类任务，因为我的记忆力太差。但我知道我的若干位徒弟都能做到，因为她们都曾被逼迫着出色地完成过这样的任务。或许，把我逼到了那个绝境，我也能够做到。

我也做过一些我认为根本不可能完成的事。比如，用一天的时间完成一篇12000余字的课案分析，且被期刊录用；因为一首歌曲的触动，用一夜的时间，写出了一篇18000余字的回忆性散文；用一年的时间，每天坚持至少记录一千字，完成了56万余字的《走过高三》……

见识了、经历了太多的将"不可能"变为"可能"的案例之后，我终于明白，永远不要轻视自身的能力，每个人都是创奇者！

十多年前，一位年轻的同事找我聊天，谈及专业发展的路径与方法，我建议他从专业写作做起。他给自己确立了一个目标，每两个月打磨出一篇教学论文。后来，一年时间，他发表了七篇高水准的论文，其中有两篇还发表在核心期刊上。遗憾的是，第二年他被选入了行政队伍，后来又做了副校长，再无只言片语发表。

还有两位同事，第一位因为一个老朋友评上了特级教师而受到了刺激，由此而发愤钻研教学，四年后自己也评上了特级。这位便用自己的成长经历教育第二位，鼓励他写论文、申报课题。同样是四年后，第二位同事也评上了特级，还晋升了正高。以四年的努力而评上特级和正高，你相信它是事实吗？但它确确实实地发生了。

无需列举更多的事例，因为您的身边，一定同样存在这样的典型案例。每一位成功者都不过是给自己确立了一个明晰的目标，然后朝着这个目标坚持不懈地行进，最终也就抵达了目的地。这样的行走，无需爬雪山过草地，无需经历风刀霜剑，更无需经历流血牺牲，所需付出的，仅仅是思考、学习与行动。从这一点而言，所谓"永远不要低估自己的能力"，绝不是说必须激活生命的"洪荒之力"，而是不要浪费了你早已拥有的学习能力、思考能力、写作能力，让它们在教育教学工作中正常运转起来，这样的要求一点儿也不过分。

第三节　过一种幸福而完整的教育生活

接受光明日报社《教育家》记者采访时，我回答过这样一个问题：在当前的教育环境下，有哪些现实因素影响了教师的专业成长？

我给出的答案很长，要点包含内因和外因两方面。

内因上我归结出三点：缺乏一个高远的目标定位，缺乏一种使命感和担当品质；不自觉甚至自觉地走上了单纯应试教学的路径，并慢慢地视其为教学的正道；个体学养匮乏，读、写、说三方面能力存在欠缺。

外因上归结为两点：畸变的评价体制阻碍了教师的健康成长；被得过且过的小环境裹挟甚至同化。

此五方面的因素，皆非无中生有，而是客观存在。两方面因素相互作用，教育教学的文化环境便越来越差，所有的教师都会被畸形的考核体系绑架，如同被普罗克汝斯忒斯绑上了他的铁床。

对于胸怀崇高教育理想的教师而言，这样的教育环境显然无法满足其健康成长的各种需求。于是，总有一批先行者高扬起"过一种幸福而完整的教育生活"的旗帜，团结起越来越多的教师，共同朝着教育的明亮那方奋力前行。在这面旗帜下，数以万计的教育理想主义者成长起来，成熟起来，成为特级教师、卓越教师，最终推动着教育大环境朝着美好的方向持续转变。

幸福是灵魂的自我悦纳

关于"幸福"和"完整"，或许没有标准化的定义。如若一定要形成一些硬性指标，则只能是相对抽象的宏观性描述，比如顺应天性、遵循规律、全面发展、个性化成长、身心两健。

我无意于定义或者诠释这两个概念，只是在大脑中反复编织一个绮丽的梦，幻想着所有的孩子都对课堂满怀着无限的憧憬，所有的教师都能够在课堂上"指点江山，激扬文字"，所有的生命都在学校这片特殊的土壤中自由生长，属于树的种子便成长为树，属于花的种子便成长为花，属于草的种子便成长为草。五风十雨，依时而生，顺势而长，该发芽时发芽，该拔节时拔节，该成熟时成熟。

现实却永远拒绝浪漫。现实往往是万象归一，只以应试的成败裁定一切。在这样的价值狭缝中，"幸福"和"完整"必然成为珍稀物种。

但希望总应该存在，也总应该有人为其不懈奋斗。这份责任与使命，只能属于有情怀的教师。

有人说，越有情怀的人，在现实中越痛苦。这话既对又不对。当情怀与现实碰撞时，痛苦固然难免，但若是连痛苦都感受不到，则要么属于病入膏肓，要么已经彻底绝望，要么压根没心没肺。此三者，于教育而言，皆为悲剧。

只有能够感受到痛苦的教育理想主义者，才会想方设法地自我救赎，在力所能及的范围内影响并改变环境。不要轻视这样的救赎与改变，当它作用于一节课时，这节课便有了生命，当它作用于一次活动时，这次活动便有了"幸福"。

在现实的教育生活中，我接触过相当数量的高三"把关教师"。大多数"把关"者崇尚严防死守，追求"一心只解应试题"。只有极少量的"另类"，身临高三却依旧花费大把的时间带着学生看电影，搞活动，探讨社会热点问题，在其他人的烈火硝烟中，享受着自己的春暖花开。对于这样的"另类"，我心存敬仰。我以为，"另类"们的教育人生虽不一定"完整"，但至少拥有了一定量的"幸福"。

所有的卓越教师，其实都是"另类"。卓越教师们的"另类"，体现在教学中便是绝不会照搬他人的教案，绝不会轻易放弃教学中的任何一处疑惑，绝不会在完成一节课的教学后内心无喜无忧，绝不会被僵化的评价标准捆绑住教学改革的手脚。"另类"的卓越教师们知道自己真正需要什么、追求什么，因而也就懂得放弃什么、远离什么。

这便是来自教育的"幸福"和"完整"。"幸福",是因为明白自身的选择顺应规律、顺乎人性;"完整",是因为始终能够依照应有的规律落实自身的教育教学行为。

有相当数量的教师,都愿意过上这样的"幸福而完整的教育生活",但他们却在无限憧憬的同时,又满怀忧心地抱怨:"我只是一名普通教师,哪有能力改变什么?"我不认同这样的抱怨,一个人或许无法彻底改变大环境,但你的课堂终究由你来设计,你的大部分非工作时间终究由你来安排,为什么不努力改变自己的工作质态和生活质态呢?

我深知自身属于反应超级迟钝者,校园内外的诸多大事,我大多不了解。或许正因为如此,我常常觉得自己的教育人生很"幸福"。其实,我的"幸福"极其简单:遇见一群有趣的学生,结识一篇有趣的课文,设计一个有温度的活动,撰写一篇有深度的文章,探究一个热点的教学问题,打通课堂和社会的关联……当我能够沉浸到这样的世界之中,便是被包裹在了教育的"幸福"怀抱,过上了"完整"的教育生活。

在舍弃中建构完整

在我的"三度语文"教学实践中,"丈量文本宽度"被定义为依照文本的课程属性取舍相应的学习内容,实现语文教学"在舍弃中建构完整"的整体性能力架构。在教师的专业成长过程中,此种"在舍弃中建构完整"同样适用。毕竟,舍得之道,先有舍弃,后有获得。

哪些东西可以舍弃呢?研究这个问题之前,先看哪些东西不可以舍弃。

名利之心不可舍弃。教育的局外人往往倡导教师做春蚕和蜡烛,只讲付出不讲回报。果真如此时,教师便要么成为圣徒,要么成为武侠小说中没有痛感和灵魂的"药人"。真正的成长离不开必要的名利作支撑。心怀名师梦,才有可能成为名师;想着在教学岗位上获取最大的利益,才会努力经营自己的课堂,不断积攒自身的资本。我从来不认为一位乡村教师凭借着出色的教学能力而走进大城市便属于背叛,相反,我觉得只有这样的流动才能激活更多乡村教师的工作热情，让他们在提升自我的同时提升整个乡村教育的水平。

好奇之心不可舍弃。我从来不否认教师"知识导游"的身份，也从来不反对教师拥有强烈的好奇心。唯有好奇，才会不重复使用旧教案，才会不放过教学中的任意一个疑点，才会想方设法折腾出最有趣的教学设计，才会视教学为一项永远值得期待的寻宝行动。一名教师如果没有了好奇心，便会懈怠于自主备课，懈怠于钻研教材，懈怠于凝望窗外的世界，懈怠于为自身描绘美妙的成长蓝图。

闲情逸致不可舍弃。我始终反对"一心只做应试题"的教学行为，也始终反对苦行僧式的无味人生。教师不需要成为清心寡欲之徒，而是应该懂一点书法与绘画，会一点乐器或摄影，欣赏得了民乐与戏剧，主持得了沙龙和论坛。丰富的才艺是拥抱生活的第三只臂膀，热爱生活的教师，才能热爱学生，热爱教育，才愿意努力扮靓教育教学中的每一个细节。反之，没有任何的业余爱好，全身心投入到对学生的严防死守之中，非但不是教育之幸，反而构成成长之祸。这样的教师便如《倚天屠龙记》中的灭绝师太，虽然胸怀天下，且武功人品均属一流，却永远培养不出黄蓉那样极富情趣的侠者。

专业阅读、专业反思、专业实践、专业写作、专业发展共同体不可舍弃。这一点，我在本书前面的多个章节中已反复申述，此处毋庸赘言。

亲情与责任不可舍弃。媒体时常宣传一些为了带完一届学生，甚至只为了上一节课而耽搁了自家孩子病情的事例，每次见到这样的新闻，我都油然而生一种浓郁的悲凉。身为拥有近40年教龄的教师，我从未觉得自己的某一节课属于学生生命成长中不可或缺的一个重要节点。没有哪一节课因为调整了一下授课时间便构成了巨大的损伤，也没有哪一位教师因为另一位教师代了一两节课，便招致了该班应试成绩的土崩瓦解。前面我说过，教师的本质不过是"知识导游"，就算掌握着最王牌的解说词，也依旧只是完成相应的导学作用，绝非不可替代。倘若因为本可放下的工作而舍弃了亲情和责任，便绝不能说自己过上了"幸福而完整的教育生活"。当然，在教师极度匮乏的学校中出现此种情况另当别论。

五方面的不可舍弃之外，其余的皆可有选择、分层次地舍弃。比如，舍弃加班加点，将自主学习权归还学生；舍弃抓零抬头率，将好奇心归还学生；舍弃大量的课外作业，将阅读与休息权归还学生；舍弃过分严苛的清规戒律，将个性化成长的权利归还学生……唯有依托这些舍弃，才能逐步剥离生命成长中的各种非教育因素，让师生共同致力于"幸福而完整的教育生活"的锻造。

影响并改造教育环境

舍弃与建构，不但影响教育教学的价值取向、任务定位和具体行动，而且直接参与教育教学的生态环境建设。教育环境从来不是独立存在于师生行为之外的第三方，而是教育以及成长的必要组件。

当下，人皆生活于一个教育环境的怪圈之中。置身校园中的教师和学生不满意于自身所处的环境，置身校园外的家长甚至社会各阶层也不满意于当下社会的教育环境。只是，教师和学生不满意的教育环境往往指向相应的政府机关、指向社会舆论和家长的各种过分诉求，家长甚至社会各阶层不满意的教育环境则指向学校的收费、教师的有偿家教、学生的过重课业负担。此两种认知，都将自身剥离于教育环境之外，置于教育环境的对立面，充当起教育环境的受害者。

事实上，真正的教育环境恰恰取决于这互不满意的方方面面。相互指责必然助推"差环境"的形成，相互欣赏方能成就"好环境"的建设。彼此都融合在教育环境之中，都在用自己的言行举止"制造"着教育环境。

"幸福而完整的教育生活"其实也是一种教育生态环境，此种教育环境必然依托于拥有"幸福而完整的教育生活"的教师、学生、家长和整个社会。"幸福的教育生活"永远不可能只是教师群体的私房菜，"完整"的本意理应指向多条线索，既包含着由当下到未来的时间跨度，又蕴藏着不同主体的切合教育发展规律的各种主张、各种期待和各种行动。"过一种幸福而完整的教育生活"本身，就是用扎实的行动打造出"基于规律、彰显个性、成就当下、服务未来"的良好教育生态，让当下的教育生活不再焦躁，不再内卷，不再用虚幻的、过分物质化的"美好未来"扼杀当下学习生活中的诸多幸福。

这样的教育生活，无法用行政命令建构，只能来自教师的自觉与自律。优秀的、卓越的教师理应成为良性教育生态的建设者和维护者，决不能成为恶劣教育环境的推波助澜者。在当下的校园中，为数不少的教师一边是对相关的管理制度、考评制度、评审制度心存不满，一边又在投票表决时不反对、不弃权，出了投票场所立刻又指斥刚刚画了勾的那些条款不近人情。这样的教师，永远不会成为"幸福而完整的教育生活"的积极建构者。

优秀的、卓越的教师绝不应该这样。优秀的、卓越的教师未必需要金刚怒目，但绝不会为不认可的行为投上赞成票。优秀的、卓越的教师懂得说"不"，既对不认同的价值诉求说"不"，也对有违"幸福而完整的教育生活"的各种行为说"不"。只有越来越多的教师能够"放开眼光，运用脑髓"，面对各类有违教育本真的现象和行为说"不"，"劣币"才会退出，"良币"才能流通。

《国际歌》中说："从来就没有什么救世主，也不靠神仙皇帝，要创造人类的幸福，全靠我们自己。"教育生态环境亦是如此，当我们高扬着"过一种幸福而完整的教育生活"的旗帜上路时，每一位教育工作者能够做的，都只能是消除幻想，用自己的行动影响并改造并不理想的教育环境。

请牢记：我即环境！

成为污水沟上方的那颗星

我曾问过很多同事，为什么明明不认同某个制度，却在投票时投下赞成票？绝大多数人的回答是"我一个人反对有什么用"，少数人则很无奈（或者很无赖）地说："管他什么制度，我反正只依照我的制度做事。"

这两种态度，都无法推动教育生态朝着美好的方向发展。究其根源，在于教师未将自己视作良性教育环境的主动建设者，更未将自己视作良性教育环境的积极引领者。在现实的教育生活中，有相当数量的教师习惯于服从，既服从于上级意志，又服从于大多数人的表现。日久天长，也就不再能够说"不"，更不能主动作为，成为改造差环境的榜样。

这让我想起王尔德的名言："我们都生活在阴沟里，但仍有些人仰望星空。"阴沟当然可以喻指恶劣的教育生态，心怀高洁之志的教师却未必只做仰望星空的"有些人"，更要努力成为阴沟上方的那片星空。唯有成为星空，才能给予更多的人以光明和希望。

我这样说，绝非画饼充饥。将寻常的教育生活经营成一片璀璨星空，并非高不可攀的事儿。如果能够在教育教学实践中积极探索，将课堂锻造成知识在场、技能在场、生命在场的成长空间，将自身锤炼成尊重规律、敬畏职业、崇尚自由、勇于挑战的业界精英，将学生雕塑成信奉真理、追求崇高、志存高远、心胸宽阔的社会栋梁，则必然有资格发出光与热，有资格成为头顶上的星辰。而当这样的教师、这样的星越聚越多之后，暗夜才会被点亮，激情才会被点燃。

现在，全国数百万教师共同开展着新教育研究实验，共同践行着"过一种幸福而完整的教育生活"的教育主张。在20年的实践过程中，已经有数以千计的榜样教师挣脱了日常生活的烦琐庸杂，用诗与思擦亮自身那颗曾经蒙上灰尘的星。这些星，已经汇聚成基础教育领域中的一片绚烂星空。在这片星空的辉映下，散落在神州大地各个乡村的数百万草根教师不再抱怨、不再挣扎，而是从阴沟中爬起，擦掉污渍，点燃希望的火把，携手走上共同探索的全新教育之路。

当我面对着这无数个前行者时，当然不愿意只做路边的鼓掌者。我曾经以为大多数人甘于平庸，曾经为难以寻找到相同尺码的人而沮丧，只有置身于这样的行进队伍之中时，才突然觉悟：生活并不缺乏"幸福"和"完整"，但如果不能够将其聚拢到理想的容器中，便必然会被岁月逐步稀释，最终踪迹全无。

从这一角度看，一位教师如果想要成为污水沟上方的那颗星，前提是先要拥有一个能够承载使命担当的大容器。这个大容器，就是同行者，就是那些仰望星空、擦亮星空、追逐星空、成为星空的优秀教师、卓越教师。

第四节　在呼朋引伴中歌唱着前行

在我近 40 年的教师生涯中，从未拥有过学校或者教育局指定的师父。刚参加工作的前几年，乡村中学中还未曾推行师徒结对，也不存在集体备课、推门听课等教研行为。等到拥有一定的教学经验后，虽辗转了三所学校，也都未将我视作需要培养的教学新手，而是当作所谓的教学骨干正常使用。

但这并不等于我未曾得到过师辈或者同辈的指点与提携，事实上，我几乎在每一次课程改革或者教法变革的关键时期，都有幸"结识"了大量的学界精英。借助于他们传递过来的能量，我才得以跌跌撞撞地跟上时代的潮流，幸运地阅读了一些应该阅读的专业书籍，写作了一些具有启发意义的教学文章，开设了一些具有探索特性的研究课，出版了十余部教育教学著作。

我"结识"学界精英的方法有三种：其一是阅读能够搜集到的名师课堂实录、教学论文或教学专著；其二是借助网络论坛，和全国各地有思想、有才华的同行"华山论剑"；其三是利用外出学习或讲学的机会，拜访各地的语文学科教学名流，在交流讨论中汲取他人的智慧。此三类精英，我皆视之为我的专业发展之路上的"贵人"。

此种成长经历，让我对教育期刊或教育书籍的写作者始终充满了敬畏，亦让我对那些在网络上东冲西撞、为了一个课案而缠着某个名师争辩得脸红脖子粗的教育新人充满了喜爱，更让我在现实的教育情境中始终以一种近乎迫切的期盼寻觅着志同道合者。当岁月的风霜逐渐染白了双鬓之时，这些复杂的情感已然逐步凝结为一份难以释怀的教育情结，督促着我把更多的心思放到寻觅并培养教育领域的可造之才中，我期望用我的绵薄之力，为年轻而有追求的同行搭建一条通往成功之路的捷径，为已然百病缠身的教育教学引入一份富含教育情怀的青春活力。

你若有光，我必视你为星辰

2013年前后，已经红火了十年的"教育在线"论坛在成就了数十位名师的辉煌事业之后逐渐趋于宁静。在我担任版主的语文沙龙中，高水准的学科原创性教学论文已较为少见。论坛上更多出现的，是各路"诸侯"已经发表在各大期刊上的学科教学论文。这期间，我注意到了一位比较活跃的网友，他几乎对所有的教学论文都做了认真的研读，总是认认真真地将自己的阅读感悟跟帖发在论坛上。当然，他的很多观点都不太成熟，对教育教学的理解存在着一定的局限性。隔三差五地，他还会发几个主题帖，以游记类散文为主，文笔很清新，也很唯美。我根据经验推定，这应该是一位参加工作时间不长的年轻教师，而且是个热爱诗歌的年轻男教师。

在论坛上针对他的主题帖和跟帖进行了几次点评之后，他开始给我留言，向我索要QQ号，说是想请我帮他看一个教学设计。因为他就要去中学实习了，在准备一个教案，不知道是否适合现在的中学教学。加为好友后闲聊，才知道他是陕西师范大学中文系的定向师范生，大三，真实姓名是刘尧。他因为在图书馆借阅了我主编的《与优秀教师同行》，又网购了我的《语文教师的八节必修课》，才根据我在书中提供的相关信息，追踪到了"教育在线"论坛。

我对他陡生好感，很乐意地研读他发给我的教学设计，尽我所能提出修改完善的方案。后来，我时常会通过QQ传一点语文教学的文章给他，他也会把他在实习中的一些思考写成文字发给我看。这段时间内，我出版了四部教育教学著作，他都买了阅读，并写了很多心得体会。

2014年夏，他师大毕业，依照协定回到了家乡宝鸡，做了一名初中语文教师。我开始督促他阅读教学理论著作，同时撰写教学反思和教学论文。他对语文教学很痴迷，买了录音笔录制自己的课堂，做成课堂实录反复研究，发现自己的不足。我也针对他的课堂实录提出我的想法，尽量帮助他确立语文学科的课程意识，促使其起步处的教学便能够走在语文课程的应有轨道上。他的进步近乎神速，工作第二年便在市里的教学竞赛中取得优异成绩，赢得了当地名师的欣赏，成为市级名师工作室中最年轻的教师。

我深知，人的成长终究会遭遇惰性，尤其是在小范围内赢得一定的声誉之后，更容易滋生自满甚至自傲之情。为了帮助他更好地成长，我利用手头上正在做的一个公益项目，将他带入了新教育星火教师公益培训团队。

在这个团队中，他成了人人都喜欢的小弟弟，也成了激励更多"星火"奋发前行的动力源。那些已经工作了十年甚至二三十年的学员，面对只工作两三年便取得优异成绩的他，无形中便拥有了一种精神威压，而他也在这个团队中收获了更快发展的力量。这些从全国各地"浓缩"而来的精英，较之现实中他奋斗的那片土地上的教师群体，实在是具有了太多的正能量。

每年的暑期集中研修，短短的三天时间，是我们师徒难得的团聚日。这三天中，我要求他申请担任活动主持人，要求他在研课中积极发言，要求他认真做好分配给他的活动日报的采编。他还充分发挥自己的摄影特长，拍下了研修中的很多精彩画面。用他和其他"星火"学员的话来说，虽然每年的研修只有三天，却能够清晰地听见自己成长拔节的声音。

他曾在一篇教育随笔中，用这样的话语来表达他的收获："印象深刻的是星火研修时晚上和师父一起散步，畅谈愉快。在短暂的小径上，我获得的却是未来长路的指引。那时候对我最重要的收获是厘清了语文的很多本质性问题。记得师父教我研究适合自己风格的名师，把课堂实录转化成教学设计，这成了我后来成长中一个很重要的法宝。"

2014—2018年的四年间，他读了很多书，写了很多教育教学文章，也陆续在报刊上发表了一些文字。他的课已超过很多工作20年的教师的。

2018年，他渴望获得更好的发展空间，在依约赔偿了相关费用后离开宝鸡，来到了上海，追随一位著名特级教师开始了新的人生历程。现在，他在学校的统一安排下，开发了初中阶段的古诗词课程和华东地区部分名胜古迹的游学课程。他的语文教学天地，正朝向无限广阔的未来铺展而去。

最让我欣慰的是，在这一路的奋斗中，他始终坚守那份教育初心，始终在认认真真地做好语文教师的分内工作。

你欲放歌，我自抚琴伴君吟

2018年，我将所在学校的另一位90后教师仇丹青引入新教育星火教师公益培训团队。

熟识之后她告诉我，她其实很早就"认识"我。她大三实习时，为了研究她需要执教的《项脊轩志》，在中国知网上下载了我的文本解读论文，然后又追踪阅读了我的其他论文和论著。她说她大学时的电脑中，就专门建有一个文件夹，用来收藏我的教学论文和课堂实录。其中，她收藏的我在贵阳执教的《登高》课堂实录，还在她毕业求职时成了她的"幸运星"。她恰好抽到了这首古诗，在极短的备课时间内，只能参照我的教学流程进行说课，最终顺利成为我的同事。

她工作的第一年，几乎每周都要听我几节课。我则大体上保持每半个月听她一节课的节奏，观察她的课堂变化。后来她执教《荷塘月色》，执教《林黛玉进贾府》，虽依旧存在文本解读浅近的缺陷，但教学流程日渐精致，课程意识逐步增强。这一年，她参加市里的教学基本功大赛，获得了一等奖第一名。她录制的视频课，在"一师一优课"中被评为部级优秀课。她在一年时间内取得的成就，已经超过很多工作十余年的教师。

她开始第二年的教师历程时，被我纳入到我的名师工作室中，成为工作室内唯一一个没有骨干头衔的初级职称的新教师。在工作室中，我不断给她分派各种任务，一方面安排她经常外出学习观摩，另一方面督促她参加各种教学竞赛和论文竞赛。她极为勤奋，常常为了做好一个课件而忙活到深夜两三点钟，第二天一早又"满血"活跃在早读课的讲台上。

她工作的第三年，执教高三毕业班。我对她的要求相对功利：站稳讲台，带领学子们在高考中取得优异的成绩。她全身心地投入到教学中，最终取得了辉煌的成果，赢得了社会和学校的一致认同。再返回高一时，她只以三年的工龄,便担任了学校顶尖的重点班的语文教师。这个班的教学压力特别大,大多数教师教不了,少部分骨干教师不愿意教。

她的文字功底很好,又不懂得拒绝,很长一段时间中,学校很多处室都找她写各种材料,严重分散了她的精力。我知晓这个情况后,利用自身的某种特权帮她挡住了一些分外之事,监督她集中注意力研究学科教学。这期间,整本书阅读教学渐成风尚。我要求她大量阅读能够搜集到的所有关于整本书阅读的论文和专著,同时开始研发自己的整本书阅读教学课案,力争成为整本书阅读教学的领航者。

经过三四年的摔打,她在教学、教研、教育活动等多方面都取得了优异成绩,为此也引起了少部分人的嫉妒。为了帮助她跳出小范围内的名利得失,从更广阔的视野中审视自身的成长,我把她也带入了新教育星火教师公益培训团队。在团队中,她无论日常工作多么繁忙,都不得不被督促着完成每周的专业阅读和专业写作、参加每月的培训。她因为拥有了30多位"尺码相同"的人,便不但能够清醒地定位自身的成绩,而且能够自觉地放下各种杂念,只瞄准前路的"明亮那方"而奋力前行。

搭台唱戏,此曲只为教育生

当我把刘尧和仇丹青都引入了新教育星火教师公益培训团队之后,他们便不再只是我的徒弟,也成了我的伙伴。在团队中,我们虽然名义上是导师和学员的关系,实际上是一个全新的专业发展共同体。我督促他们读的书,我必须同步去读,去思考,然后才好共同交流。他们写的文章,我必须一句句推敲,才能有针对性地提出修改意见。可以说,这时的我们,已经互为学习者。

我开始致力于帮助他们形成相对清晰的语文课程意识。首先是要求他们阅读诸如《语文科课程论基础》《后现代课程观》等理论著作。然后是带领他们研究全国各地的语文名师的课堂实录,从这些实录中寻找可以借鉴的经验或应该注意的问题。我这样做,也是为了消除他们内心中的名家崇拜,帮助他们确立"吾爱吾师,吾尤爱真理"的治学品质。第三步是要求他们尽可能多地把握各种展示课、竞赛课甚至家常课的机会，在课堂上积极践行自己的教学思考，把课堂教学磨炼成熟。第四步是撰写教学案例评析的论文。我把我在全国各地执教的展示课的课堂实录交给他们，让他们写出分析点评的文章。这期间，两个人都发表了多篇教学论文。

刘尧更换工作环境，进入上海工作之后，有一年左右的时间处于极度不适应中。两地的文化差异，体现在语文教学中便是从课程设置到教材定位、教学法运用等都迥然不同。这段时间他很恍惚，我对他的要求就是多向学校中的语文名家学习，多投入精力研发属于自己的活动课程。现在，他终于走过了最艰难的适应期，在大上海的讲台上站稳了脚跟。

相比于刘尧，仇丹青或许拥有了更多的天时地利与人和。当她用三年时间走完从职之初的浪漫期之后，她没有遭遇到令大多数人痛苦迷茫的幻灭期，便直接进入了职业的成熟期。她在教学上已无需我再做太多的帮扶。我能够做的，就是督促她读书和写作，督促她参加各种活动，经风雨见世面。国家语委主办的经典诵读大赛活动开始时，我鼓励她积极报名，协助她认真备课，为她作诵读示范。她自然也是竭尽全力，最终获得了市级特等奖和省级二等奖。我和她一起参加教研活动时，偶有新想法，便说给她听，并要求她将其整理为论文。目前，她已在《中学语文》《师道》等杂志上发表了数篇文章。她的《边城》整本书阅读教学设计也被收集到《中学语文整本书阅读教学设计》中。"语文报杯"全国优秀课竞赛活动在扬州举行时，我安排她观摩了全部赛事。我还带着她和工作室其他教师一起远赴安徽、湖南、河南以及江苏省内的盐城等地参加工作室联盟活动。在需要各工作室派代表进行主题发言时，我习惯于让她打头阵，逼迫着她学会现场即兴演讲。现在，她已有胆量、有能力在完全脱稿的前提下，针对语文学科教学作长时间的自由演说。

再有一年时间，我便面临退休。我不知道，在未来的日子里，是否还会遇到刘尧、仇丹青这样既有良好的语文素养，又有难得的教育情怀的青年才俊。如我这般起步于20世纪80年代的教育工作者，我们的骨子里流淌的多是一份极具理想主义色彩的浪漫情怀。我希望我目之所及的教育行业中尽是胸怀崇高理想追求的年轻人，但我又不无遗憾地发现，在日渐功利的教育大环境下，真正愿意潜心钻研教育教学、真正乐意把教育教学当作一份事业去用心经营的年轻人实在不是大多数。好在还有刘尧、仇丹青这样的"星火教师"，我在他们身上既看到了自己年轻时的模样，又看到了当下教育的希望，还看到了未来教育的值得期待。我深信，在未来的20年间，刘尧、仇丹青这样的教育领域中的金童和玉女，一定会成为最耀眼的教育明星，闪耀于中国教育的辽阔天际。那时，古稀的我会满怀幸福地眺望着他们的光明，为他们乃至为中国教育送上最诚挚的祝福。

给生命一个恒常的承诺

除了新教育星火教师公益培训团队之外，我还利用网络资源组建过"三度语文"研究团队，吸纳了安徽、山东、陕西、河南、云南以及江苏省内多地的几十位骨干教师共读共研。起初，我们定期编辑《"三度语文"通讯》，组织撰写年度成长叙事，共同探讨教学案例和热点理论。在这样的团队中，我可以为青年教师的教学设计出谋划策，青年教师们也可以对我的教学案例和相关作品"评头论足"。

2019年，有感于新一轮课程改革带来的认知冲击，我在网络上发出邀请函，寻找志趣相同者组建名师工作室成长联盟，很快便组建起由苏豫湘赣四省五家名师工作室领衔的"语行天下"名师工作联盟。2019年秋，我带领我的工作室参加了在河南焦作举行的中原名师工作室联盟活动。2020年，我联合安徽省滁州市陈乃云名师工作室开展"整本书阅读教学"专题教研活动。2022年，我又联合深圳市四家名师工作室联合开展主题教研活动。

我也没忘记身边的年轻同事们的成长。在市县两级均未成立名师工作室的2011年，我便利用学校教科室主任的身份，在校内各学科推进"123名师工程"，即由一位特级教师（或市级学科带头人以上骨干称号拥有者）、两位骨干教师和三位青年教师组建成一个相对固定的专业发展共同体，由特级教师带动骨干教师和青年教师共同成长。2016年，我所在的县级市教育局开始组建名师工作室，我立刻竞聘领衔人，组建起中学语文名师工作室，挑选了近20位骨干教师进行重点培养。2018年，我又申报了设区市级名师工作室，从全市五个区县选拔了近20位优秀教师组建专业发展联盟。工作室运作的这几年间，我们系统地研究了整本书阅读教学、任务群阅读教学、作文教学、微专题教学等热点教学内容。工作室年年获评优秀。

我常和工作室中的骨干教师们说，工作室不是名利场，也不是养老院或者托儿所，而是实验室、试验田、手术台。工作室中的每一个人，都要耐得住寂寞，承受得住批评。只有如此，我们才能不断剥离庸常生活的各种无意义的附加，守护住思想的纯粹，努力成长为让自己满意的人。

最近的十年间，我时常受邀至各地开设示范课或者主题讲座。每至一地，主办方总是给我强行戴上"著名特级教师"的花环。活动间隙，与参加活动的同行们交流时，他们也习惯于将自己称作"普通的一线教师"，而将我定位为"专家"。我总要不厌其烦地纠正："我就是一位普通的一线教师，和您一样，从未离开讲台。而且，我从乡村到县城，从初中到高中，一路摸爬滚打，摔过的跟头并不比您少。如果非要说我有什么特别的地方，那就是我永远没有放弃对理想的追逐。"

是的，我对最近几十年间的教育生态并不满意，但这不构成我放弃教育理想的条件。如我这般从上个世纪80年代初期的大学校园中走出来的人，骨子里或多或少总潜伏着一些被称作"理想主义"的东西。我遭逢过儿童和少年期的荒芜，也经历过青少年期的迷惘，在最美好的青春阶段有幸赶上了无限蓬勃的80年代，激活了全部的生命激情。也许从那个时代开始，我和我的同龄人就都为各自的生命作出了一个恒常的承诺。

40岁那年中秋节时，我为自己写过一首诗："只为天生五尺躯，不惑始觉当远行。月朗中秋寻常事，雨润佳节等闲情。世事得失无穷已，人生聚散岂天定。我邀星辰舞长空，万里云天万里明。"当我用"万里云天万里明"作为结语时，突然觉得我需要为下一个40年甚至60年重新规划一张全新的蓝图。我的蓝图很简单，简单到只有11个字：做中国最优秀的语文教师！

我不清楚"最优秀的语文教师"有啥具体的评价标准，也不清楚谁有权力颁发这样的证明。我只知道我可以确立这样的理想,可以为了这样的理想而不懈求索。当然,理想成为现实固然重要,就算无法实现,过程中的收获也足以自慰。毕竟,我真正在意的,只是经历过的每一个日子是否已被文字、思想和情怀打磨得闪闪发光。

后记

从列出这部书稿的写作框架，到最终打磨定稿，前后共花费了四年时间。动笔时，新冠疫情刚刚开始肆虐，全世界都陷入了群体性的生存恐惧之中，近乎人人谈新冠而色变。更要命的是，新冠未能遏制住人类彼此争斗的恶性，这四年间，人类还不得不面对此起彼伏的局部冲突，不得不直面核污水的排海，不得不在各种各样的封锁、挑衅、抗议以及暂时性和解中挣扎浮沉……没有人能够预知下一年、下一月的风云变幻，前一个日子的金规铁律，转眼可能就成为神马浮云。

四年中的前三个年头，身为教师的我们因为突然爆发的疫情而一次次改变既定的各种教育教学计划，在线上和线下的来回切换中不但学会了网络直播教学，学会了远程监控学生的早自习和晚自习，而且熟悉了网络教研活动，熟悉了跨区域联合研课，熟悉了足不出户便和天南海北的名师谈天说地、称兄道弟。教育还因为疫情而和社会被动结合，我们因为疫情而走出校门，体验社区工作者的酸甜苦辣。

好在教育依旧在曲折中艰难前行。即使是在三年抗疫的艰难时刻，我们也从未停下向前攀爬的行动。我们在抗疫的缝隙中开始了解学科大概念、大单元整体化教学、真实性问题情境，开始践行整本书阅读教学、项目化学习和跨学科学习。后疫情时代的 2023 年，我们更是犹如一个大病初愈之人，恨不能将前三年的损失用一年的时间补回来。各类学术活动、竞赛活动塞满了教育行事历的每一个日子。忙，成为大多数人的2023年度关键词。

我也似乎格外地忙碌。四年中的前三年，疫情捆绑住我的双脚，让我拥有了一定的闲暇静静地读了一些最新的教育理论，写了一些关乎教育教学的思考文章。后面这一年，我则是天南海北地跑，上观摩课、开讲座，为多个国培班授课，协助外地的教育主管部门组建县级名师工作室，线上遥控指导一些老师申报省级课题、撰写教学论文、设计优质课课案……只是，读的书便明显少了，写出来的文章也少了。

于是我便想，忙真的是一种应有的教育生存状态吗？忙是否能够换来真正的"有滋有味做教师"？

我想起2023年暑假时发生的一件事：市里组织近三年间入职的新教师开展主题培训，请了一位年近九旬的退休校长作讲座。老先生思维依旧敏锐，对教育教学中存在的诸多问题依旧能够形成一针见血的分析评价。遗憾的是，会场上近400位新教师中至少有300位从头到尾都在摆弄自己的手机，还有少量的新教师忙于批改带到会场上的试卷。

四处讲学是一种忙，培训时批阅试卷是一种忙，终日手机不离手也是一种忙。表面上看，三种忙似乎存在着很大的区别，其实最终都指向同一种结果，那就是在忙中迷失自我。沉溺在手机中的新教师固然属于空耗时光，批阅试卷和四处讲学又能有多大程度上的自我提升和自我完善？这些种类的忙，归根结底都和每天做作业到凌晨一样，不过是用看起来很忙的假象，遮蔽起真正意义上的生命挑战与历险。

前些日子，我拜读了朱永新老师的新作《教育的减法》。在序言中，朱老师称自己这部作品是"为天下父母写一本书，缓解他们的焦虑，在需求端给孩子减负，让孩子过上我们新教育实验倡导的'幸福而完整的教育生活'"。我将朱老师的观点移用到教师的专业发展之上，似乎也可以推导出教师必须学会做减法的科学结论。应该说，真正的教育无需过分忙碌，真正的教学也无需比拼各种消耗，教师的幸福从来无法建立在过度劳心劳力的前提之上，唯有懂得放下，懂得做减法，才能有时间阅读、思考与写作，才能有时间享受生活，享受亲情、爱情和友情，才能始终对这个世界拥有一份持久且深沉的好奇心和使命感，才能把看似寻常的每一个教育日子都经营得有滋有味，风生水起。

现在，无比忙碌的2023年仅余下最后的40多天，即将到来的2024又会如何？我坚信，更多的人仍旧会更加忙碌，每一种忙碌的背后也都必然存在着一份自认为不得不如此的充足理由。但真的做一做减法，减去一些仅仅是看起来很重要的忙碌，腾出点时间看书、看人、看世界，或者只是看山、看水、看流云，是否反而会收获一份难得的惬意与丰盈呢？要知道，教师的滋味从来不是蜡烛焚烧后留下的些微烟火气息，也不是春蚕吐尽最后一根丝时余下的苍凉悲壮，而是一份生命的自在绽放，是一份照亮他人亦照亮自身的双向成全。

我从不否认教师群体中藏龙卧虎，从不否认教师队伍中行走着诸多的志士仁人，也从不否认教师群落中存在着相当数量的自我迷失者。后一种教师倘若能够清楚地知晓自己的迷失，并乐于借助学习清除迷障，便依旧可以快速成长为优秀甚至卓越的教师。但是偏偏有极少量的自我迷失者，热衷于以绝对真理自居，对教育中的一切都指手画脚，这便不但构成其自身的悲哀，也构成了教育生态环境的悲哀。

我写作这部作品，目的之一就是幻想着能用我粗鄙的文字给此类型自我迷失的教师提供一份警醒的药剂。我的另一个目的，则是试图用我微弱的呼告为有志于"有滋有味做教师"的教育同道勾画一张联络图和一张路线图。我希望沮丧于现实中的教育理想主义者们，能够通过我的文字，学会寻找，学会辨识，学会建构。我希望他们能够在被现实敲打得头破血流时，依旧能有一个明亮的远方可以憧憬。我希望我们能够一起行动，一起呐喊，一起打造属于我们自己的"幸福而完整的教育生活"。

感谢我的责编对此书稿付梓作出的辛勤奉献，感谢我的亲人、我所热爱的教育，以及我所置身的这个时代赐予我的智慧、力量与爱。

时令已入寒冬，教育却终究可以始终春意盎然。

我将努力地有滋有味做教师。

刘　祥

2023年11月13日于古镇真州